路桥工程管理与给排水规划设计

刘志伟　刘文君　杨　黎　主编

吉林科学技术出版社

图书在版编目（CIP）数据

路桥工程管理与给排水规划设计 / 刘志伟，刘文君，杨黎主编 . -- 长春：吉林科学技术出版社，2022.8
ISBN 978-7-5578-9422-1

Ⅰ.①路… Ⅱ.①刘… ②刘… ③杨… Ⅲ.①道路工程—给排水系统—工程设计②桥梁工程—给排水系统—工程设计 Ⅳ.① U41 ② U44 ③ TU991

中国版本图书馆 CIP 数据核字 (2022) 第 113600 号

路桥工程管理与给排水规划设计

主　　编	刘志伟　刘文君　杨　黎
出 版 人	宛　霞
责任编辑	管思梦
封面设计	徐逍逍
制　　版	徐逍逍
幅面尺寸	185mm×260mm
开　　本	16
字　　数	230 千字
印　　张	13.25
印　　数	1-1500 册
版　　次	2022年8月第1版
印　　次	2022年8月第1次印刷
出　　版	吉林科学技术出版社
发　　行	吉林科学技术出版社
地　　址	长春市南关区福祉大路5788号出版大厦A座
邮　　编	130118
发行部电话/传真	0431-81629529　81629530　81629531　81629532　81629533　81629534
储运部电话	0431-86059116
编辑部电话	0431-81629510
印　　刷	廊坊市印艺阁数字科技有限公司
书　　号	ISBN 978-7-5578-9422-1
定　　价	55.00 元

版权所有　翻印必究　举报电话：0431—81629508

编委会

主 编 刘志伟　刘文君　杨　黎

副主编 张玉婷　李亚楠　王绍清

　　　　　杨明理　齐腾飞　刘鑫磊

　　　　　李云峰　陈建平　高君辉

　　　　　姬向军

前 言 | PREFACE

社会经济迅速发展，人们的出行频率不断增加，路桥的需求量也就随之增加。因此路桥工程的管理模式要不断优化，并建立科学的路桥工程管理体系来加强路桥管理。合理的管理可以积极地推动路桥施工的发展，进而使路桥项目达到最佳状态。路桥工程的特点鲜明，与一般的基础建设工程存在很大的差异。一方面，工程质量要求高。路桥工程的品质关系到交通安全和地方交通环境质量，由于当前路桥工程规模普遍较大，任何细节方面的问题都可能在今后成为交通隐患，因而对工程品质的把控更加严格。而且由于路桥工程的施工技术性较强、管理难度大，为了提升工程品质，保证工程功能的完整性，在对项目进行监管的过程中，管理方必须突出监管重心，融入精细化理念，消除各种细节隐患，以优质的路桥工程满足地方发展需求。另外，工程施工进度要求高。作为城市的基础建设项目，路桥工程的建设地点一般位于城市主线，工程建设过程对城市居民出行的干扰较大，包括施工噪声、施工烟尘以及路段封闭等。为了保证城市的稳定运行，必须在规定的时间内完成项目所有施工内容，使路桥工程尽早投入使用。唯有如此，才能真正体现出路桥工程管理的重要作用。

市政给排水系统是保证城市的供水安全与排除雨水、污水的基础设施，市政给排水系统的正常运行对城市经济的发展有着重要意义。同时，经济的快速发展与城市范围的扩大，使城市给排水系统要进行改造扩建，新建城区与快速发展的城镇也需要建立给排水系统。因此对市政给排水系统进行科学合理的规划设计是实现城市快速发展的重要保证，设计者在进行市政给排水系统规划设计时应综合考虑，使市政给排水系统在城市发展中的作用得到充分发挥。

目录 | CONTENTS

第一章 路基工程 ··· 1

　　第一节　道路工程分类与分级 ··· 1

　　第二节　路基施工技术 ·· 6

　　第三节　路基季节性施工 ··· 22

第二章 路面工程 ··· 27

　　第一节　路面基层施工技术 ··· 27

　　第二节　沥青路面的施工技术 ·· 37

　　第三节　中央分隔带及路肩施工技术 ································ 50

第三章 桥梁的组成与类型 ··· 54

　　第一节　桥梁的组成 ·· 54

　　第二节　桥梁的分类 ·· 57

　　第三节　桥梁的施工技术 ·· 62

第四章 交通路桥项目与公路项目施工管理 ····························· 81

　　第一节　交通工程中路桥施工管理 ··································· 81

　　第二节　交通施工模式下的路桥养护管理 ························· 85

　　第三节　公路工程进度控制管理 ······································ 90

第四节　公路工程安全管理的范围及要求……………………97

第五章　城市供水系统规划设计……………………………112

　　第一节　供水管网的发展………………………………………112

　　第二节　地理位置及周边环境…………………………………116

　　第三节　供水系统需水量预测及水源选择……………………126

　　第四节　供水管网的设计………………………………………130

第六章　城市排水系统设计…………………………………140

　　第一节　下穿立交道路地表排水系统设计……………………140

　　第二节　排水泵站设计…………………………………………148

　　第三节　城市大排水系统的规划………………………………154

　　第四节　道路大排水系统设计…………………………………159

　　第五节　城市道路交叉口排水路面系统设计…………………163

第七章　市政工程环境保护对策……………………………168

　　第一节　市政工程的环境制度系统及其理论基础……………168

　　第二节　市政工程环境制度的创新与完善……………………181

　　第三节　市政道路项目环境保护对策…………………………192

结束语………………………………………………………………200

参考文献……………………………………………………………201

第一章 路基工程

路基是按照路线位置和一定的技术要求修筑的带状构造物，是路面的基础，承受由路面传递来的行车荷载。路基是公路的重要组成部分，是公路主体工程，它贯穿公路全线，与桥梁、隧道相连，与路面共同承受行车荷载的作用。路基施工质量的好坏，直接影响公路的质量与使用寿命。

第一节 道路工程分类与分级

一、路基干湿类型

路基的干湿类型表示路基在最不利季节的干湿状态，划分为干燥、中湿、潮湿和过湿四类。原有公路路基土的干湿类型，可以根据路基的分界相对含水量或分界稠度划分；新建公路路基干湿类型可用路基临界高度来判别。高速公路应使路基处于干燥或中湿状态。

二、一般路基与特殊路基

（一）一般路基

一般路基是指修筑在良好的地质、水文、气候条件下的路基。通常认为一般路基可以结合当地的地形、地质情况，直接选用典型横断面图或设计规定。但高填方路堤、深挖方路堑须进行个别论证和验算。

（二）特殊路基

特殊路基是指位于特殊土（岩）地段、不良地质地段，或受水、气候等自然因素影响强烈，需要进行特殊设计的路基。特殊路基包括以下类型。

1. 滑坡地段路基

滑坡是指斜坡上的岩体或土体在自然或人为因素的影响下沿带或面滑动的地质现象。滑坡是山区公路的主要病害之一，山坡或路基边坡发生滑坡，常使交通中断，影响公路的正常运输。大规模的滑坡，可以堵塞河道，摧毁公路，破坏厂矿，掩埋村庄，对山区公路的建设和交通设施危害极大。滑坡与地质和气候等因素有关。滑坡的易发区和多发区主要在江、河、湖（水库）、海、沟的岸坡地带，地形高差大的峡谷地区，山区、铁路、公路、工程建筑物的边坡地段，或位于断裂带、地震带地质构造带之中，或位于易滑（坡）的岩、土分布区，或位于暴雨多发区或异常的强降雨地区。我国滑坡主要分布在太行山到秦岭，经鄂西、四川、云南到藏东一带。

2. 崩塌地段路基

高陡斜坡上的岩体或土体在重力作用下坍塌、倾倒或坠落的地质现象称为崩塌。崩塌体为土质者，称为土崩；崩塌体为岩质者，称为岩崩；大规模的岩崩，称为山崩。崩塌会使公路被掩埋、结构物毁坏，有时还会使河流堵塞形成堰塞湖或使河流改道转变河流性质。崩塌可能发生在任何地带，多发生在大于60°~70°的斜坡上。

3. 岩堆地段路基

陡峻斜坡上的岩体，受物理风化作用形成的岩石碎屑，崩落下来在坡脚形成的疏松岩块堆积体称为岩堆。岩堆一般位于高陡崩塌斜坡的坡脚处，从平面上看，上窄、下宽，如三角形或梯形。岩堆应以防为主，对于规模大、正在发展的岩堆，应以绕避为宜；对于中、小岩堆、已趋停止或已停止发展的岩堆，公路通过岩堆时应采取一定的措施。岩堆在山岭、丘陵地区的山麓和河谷多有分布。

4. 泥石流地段路基

泥石流是挟带大量泥沙、石块的间歇性洪流，具有突然性以及流速快，流量大，物质容量大和破坏力强等特点。泥石流可直接埋没公路，摧毁路基、桥涵等设施，堵塞河道等，有时每年发生，有时多年发生一次，危害程度也不一样。我国华北山地、黄土高原、川滇山地和西藏高原东南部山地，是泥石流的主要发育地区，泥石流呈带状或片状分布。

5. 岩溶地区路基

岩溶是可溶性岩层被水长期溶蚀而形成的各种地质现象和形态。岩溶对路基的危害，一般为溶洞顶板坍塌引起的路基下沉和破坏；岩溶地面坍塌对路基稳定性的破坏；反复泉与间歇泉浸泡路基基底，引起路基沉陷、坍塌或冒浆；突然性的地下涌水冲毁路基等。可溶性碳酸盐类岩石主要集中在我国西南和华南，其次是长江中、下游的华中地区。

6. 软土地区路基

软土是指天然含水率高、孔隙比大、压缩性高、抗剪强度低的细粒土，泛指软黏土、淤泥质土、淤泥、泥炭质土、泥炭等软弱土。以饱水的软弱黏土沉积为主的地区称为软土地区。软土包括饱水的软弱黏土和淤泥。在软土地基上修建公路时，容易产生路堤失稳或沉降过大等问题。我国沿海、沿湖、沿河地带都有广泛的软土分布。

7. 红黏土与高液限土地区路基

红黏土是碳酸盐类岩石在温室气候条件下经风化形成的褐红色粉质土或黏质土。红黏土的裂隙发育，液限一般大于50%，具有明显的收缩性，但压缩性低，自由膨胀率为5%~20%，红黏土没有湿陷性，暴露地表时容易龟裂，成为破碎颗粒。我国的红黏土以贵州、云南、广西等省区最为发育，分布广。

高液限土是指液限(100g锥试验)大于50%的细粒土。高液限土含水量高、密度小、透水性差、强度低、塑性指数大、胀缩性明显，在干燥状态下强度高，一旦遇水则迅速软化，膨胀率迅速上升，水稳定性极差。高液限土填筑路基难压实，易出现"弹簧"现象。高液限土在我国分布很广，尤其在福建、湖南、广西、重庆、浙江等多雨地区更为多见。

8. 膨胀土地区路基

膨胀土是指含亲水性矿物并具有明显的吸水膨胀与失水收缩特性的高塑性黏土。膨胀土一般承载力较高，具有吸水膨胀、失水收缩和反复胀缩变形、浸水承载力衰减、干缩裂隙发育等特性，性质极不稳定。膨胀土地区多分布于全国各地二级及二级以上的阶地与山前丘陵地区。

9. 黄土地区路基

黄土是无层理的黄色粉质土状沉积物，富含碳酸盐，孔隙度高，并具垂直节理。黄土的特殊结构和构造，决定以下几个方面的工程特性：垂直渗透性远较水平方向大；各向抗剪强度有明显差别；易遭冲刷和冲蚀；具有湿陷性质；干燥状态下黏聚强度较大，可形成较陡边坡。我国黄土的分布，西起甘肃祁连山脉跑钓，东至山西、河南、河北交界处的太行山脉，南抵陕西秦岭，北到长城，包括陕西、山西、宁夏、甘肃、青海等省、市、自治区。我国西北的黄土高原是世界上规模最大的黄土高原，华北的黄土平原是世界上规模最大的黄土平原。

10. 盐渍土地区路基

盐渍土是易溶盐含量大于规定值的土。盐渍土中氯盐、硫酸盐受水浸时易溶解，可形成雨沟、洞穴、湿陷等病害，冬季冻胀、盐胀形成鼓包、开裂，夏季溶蚀、翻浆。盐渍土在我国分布较广，新疆、青海、甘肃、内蒙古、宁夏等省区分布较多。

11. 多年冻土地区路基

冻结状态连续两年或两年以上的、温度低于0℃且含冰的土（岩），称为多年冻土。在多年冻土地区修建公路有许多特殊的工程地质问题，其中最常遇到的问题是冻胀，不仅路基、路面冻胀病害，房屋、桥涵也有冻胀病害。最突出的问题是热融沉陷以及翻浆、冰丘等病害。我国多年冻土主要分布在青藏高原、大兴安岭和小兴安岭地区，以及阿尔泰山、天山、祁连山和喜马拉雅山等山地。

12. 风沙地区路基

风沙地区包括沙漠和沙地。沙漠地区气候干燥，降雨小、温差大，冷热变化剧烈，风大沙多，土中含易溶盐多。风沙对道路的危害主要表现为沙埋与风蚀，其中又以沙埋为主。我国风沙地区分布于北纬35°～50°和东经75°～125°之间，在新疆、青海、甘肃、内蒙古、宁夏、陕西等省、市、自治区分布有大面积的沙漠与沙地。

13. 雪害地段路基

公路雪害有积雪和雪崩两种主要形式。积雪包括自然降雪和风吹雪。自然降雪一般不会对公路造成严重危害；风吹雪可阻断交通，埋没车辆，主要发生在我国东北地区、青藏高原及新疆等地。

14. 涎流冰地段路基

山区公路挖方边坡截断地下含水层处，含水层中的水在冬季边渗边冻，可以漫延整个路幅，长可达数十米乃至百余米，称为涎流冰。涎流冰分山坡涎流冰和河谷涎流冰，山坡涎流冰由山坡或路基挖方边坡出露的地下水冻结形成，河谷涎流冰则是沿沟谷漫流的泉水和冻雪融水冻结形成。涎流冰主要分布在寒冷地区和高寒地区，可能引发公路翻浆、冻胀、路基边坡失稳造成滑坡等一系列问题。

15. 采空区路基

采空区是地下固体矿产开采后的空间及其围岩失稳而产生位移、开裂、破碎垮落，直到上覆岩层整体下沉、弯曲所引起的地表变形和破坏的地区或范围。狭义的采空区指开采空间。当路基位于采空区时，路基极易产生开裂、沉降、滑塌等破坏。对采空区的处置方法有注浆法、干(浆)砌支撑法、开挖回填法、巷道加固法、强夯法、跨越法等。

16. 滨海路基

滨海路基是指沿海岸修筑的且边坡浸水，经受海水冲刷的路基。由于海水侵蚀和沿海水系的干扰，滨海路基地下水位较高，土的含水量大，影响路基的稳定性和耐久性。

17. 水库地区路基

水库地区路基是指按水库岸边或跨越其支流修筑的路基。由与水库路基常年浸水，路基易出现渗透变形、路基沉降、边坡坍塌等病害。

18. 季节性冰冻地区路基

凡是土温等于或低于0℃，且含有冰的土(岩)称为冻土，随季节冻结和融化的土称为随季节冻土。季节性冻土地区在我国北方地区分布广泛，由于地面季节性封冻和解冻，在解冻时易出现翻浆现象，使路基遭到破坏。

第二节　路基施工技术

一、挖方路基施工

（一）土质路堑施工技术

1. 土质路堑施工工艺流程

（1）测量放样

①路基施工前，应对原地面进行复测，核对或补充横断面，发现问题应进行处理。

②路基施工前，应设置标识桩，对路基用地界、路堑坡顶、取土坑、护坡道、弃土堆等具体位置标识清楚。

③对深挖路堑，每挖3～5m或者一个边坡平台（碎落台）应复测在中线和横断面。

④高速公路和一级公路施工中，标高控制桩间距不宜大于200mm。

（2）场地清理

①首先应按设计图纸进行用地放样，确定路基施工界限，保护所有监理工程师制定的要保留的植被、地下构造物及其他设施等。

②认真排查路基范围内的既有通信、供电设施和既有道路情况，明确其产权单位，在与产权单位协商一致后方可拆除，拆除时需由专业人员指导。

③路基用地范围内的旧桥梁、旧涵洞、旧路面和其他障碍物等应予以拆除，对正在使用的道路设施及构造物，应在对其正常使用做出妥善安排之后才能拆除。

④应对路幅范围内、取土坑的原地面表面腐殖土、表土、草皮等进行清理，填方地段还应按设计要求整平压实。

开挖前优先进行截水沟施工，与场地其他排水设施衔接平顺。

（3）逐层开挖

①路堑开挖应根据实际地形、地貌在适当位置先设置截水沟。截水沟应与排水系统顺接，确保排水通畅。按照动态的管理模式，及时维护和整修平台截水沟、坡面急流槽的施工，以确保已开挖边坡免受雨水冲刷影响。

②路堑开挖应按照设计断面测量放样，边开挖边整形，坡面应平整、稳定，不得产生亏破等病害。

③挖方段路基边桩不应大于20m，曲线半径较小时可间隔10m。每开挖2～5m应恢复中桩，检查开挖位置断面的左、中、右三点标高及宽度。

④在开挖至边坡时，应预留30cm厚度以便刷坡，开挖一级、防护一级、绿化一级，并保证边坡平台和坡面排水通畅。路基开挖中，基于实际情况，如需修改设计边坡坡度、截水沟和边沟的位置及尺寸时，应及时按规定报批。

⑤经试验确定能够用于路基填筑的土质应分类开挖，不适宜作为路基填料的应按照方案进行处理。开挖应按照自上而下的顺序进行，随挖随修正边坡，并及时对坡面进行复测。

⑥在开挖时注意对图纸未标示出的地下管道、缆线、文物古迹和其他结构物的保护，开挖中一旦发现上述情况应立即报告，并保护好现场。

⑦路堑开挖完成后，及早安排边坡防护和边沟施工，按设计标高平整路床，尽快进行路基填筑，如不能及时进行，应在路床面以上至少预留30cm的保护层，待路床施工前挖除。

⑧路床施工前应先开挖两侧排水沟（纵向坡度不小于1%），及时将雨水排除路基外，防止雨水聚集危害路床。在渗水量大的部位有针对性地设置仰斜排水孔。

⑨填挖结合部应在路堑端挖台阶与填方路堤相衔接，台阶宽度不小于2m，台阶高度不得超过2m，设置2%～4%的倒坡，路床顶面横向搭接长度不宜小于5m。

⑩对于深挖路堑应采用动态变形监测方案同步现场施工，做好施工期间的变形观测。

⑪路基防护工程宜与路基挖方工程紧密、合理衔接，开挖一级防护一级，并及时进行养护。

（4）装运土方

①正式施工前，按交通运输主管部门及交警部门要求规划好运土路线。

②在陡坡、高坡、坑边处卸土时，停卸地点必须平整坚实，地面宜有反坡，与边缘必须保持安全距离。

③填料装运过程尽量避免粗细料的离析。

（5）路槽整形、碾压、成型

路床（槽）开挖至接近设计标高时，加强高程和中线测量检查，保证路基面的宽度、标高、纵坡、平整度及横坡、边坡符合规范和设计要求。

开挖的至零填或路堑路床部分时，应尽快进行路床施工。如不能及时施工应及时完善临时排水设施，并在路床底面以上预留至少30cm厚的保护层，待路床施工前迅速挖除。

挖方路基开挖至基底高程应预留路床基底压实引起的下沉量，其值由试验确定。

碾压时，按照"先压边缘、后压中间，先慢后快，先静压、后振动"的操作原则进行。

路槽检验合格后，报监理工程师检查、认可，无误后方可进行第一层路基填筑。

2. 作业方法

（1）横向挖掘法

土质路堑横向挖掘可采用人工作业，也可机械作业，具体方法有：

①单层横向全宽挖掘法：从开挖路堑的一端或两端按断面全宽一次性挖到设计标高，逐渐向纵深挖掘，挖出的上方一般向两侧运送。该方法适用于挖掘浅且短的路堑。

②多层横向全宽挖掘法：从开挖路堑的一端或两端按断面分层挖到设计标高，适用于挖掘深且短的路堑。

（2）纵向挖掘法

土质路堑纵向挖掘多采用机械作业，具体方法有：

①分层纵挖法：沿路堑全宽，以深度不大的纵向分层进行挖掘，适用于较长的路堑开挖。

②通道纵挖法：先沿路堑挖掘一通道，然后将信道向两侧拓宽以扩大工作

面，并利用该通道作为运土路线及场内排水的出路。该层通道拓宽至路堑边坡后再挖下层通道，如此向纵深开挖至路基标高。该法适用于较长、较深、两端地面纵坡较小的路堑开挖。

③分段纵挖法：沿路堑纵向选择一个或几个适宜处，将较薄一侧堑壁横向挖穿，使路堑分成两段或数段，各段再纵向开挖。该法适用于过长，弃土运距过远，一侧堑壁较薄的傍山路堑开挖。

（3）混合式挖掘法

多层横向全宽挖掘法和通道纵挖法混合使用。先沿路线纵向挖通道，然后沿横向坡面挖掘，以增加开挖面。该法适用于路线纵向长度和挖深都很大的路堑开挖。

3.机械开挖作业方式

（1）推土机开挖土质路堑作业

推土机开挖土方作业由切土、运土、卸土、倒退（或折返）、空回等过程组成一个循环。影响作业效率的主要因素是切土和运土两个环节，因此必须以最短的时间和距离切满土，并尽可能减少土在推运过程中散失。推土机开挖土质路堑作业方法与填筑路基相同的有下坡推土法、槽形推土法、并列推土法、接力推土法和波浪式推土法。另有斜铲推土法和侧铲推土法。

（2）挖掘机开挖土质路堑作业

公路工程施工中以单斗挖掘机最为常见，而路堑土方开挖中又以正铲挖掘机使用最多。正铲挖掘机挖装作业灵活，回转速度快，工作效率高，特别适用于与运输车辆配合开挖土方路堑。正铲工作面的高度一般不应小于1.5m，否则将降低生产效率，过高则易塌方损伤机具。其作业方法有侧向开挖和正向开挖。

（二）石质路堑施工技术

1.基本要求

在开挖程序确定之后，根据岩石条件、开挖尺寸、工程量和施工技术要求，通过方案比较拟定合理的方式。其基本要求是：

（1）保证开挖质量和施工安全；

（2）符合施工工期和开挖强度的要求；

（3）有利于维护岩体完整和边坡稳定性；

（4）可以充分发挥施工机械的生产能力；

（5）辅助工程量少。

2. 开挖方式

（1）钻爆开挖

钻爆开挖是当前广泛采用的开挖施工方法。有薄层开挖、分层开挖（梯段开挖）、全断面一次开挖和特高梯段开挖等方式。

（2）直接应用机械开挖

使用带有松土器的重型推土机破碎岩石，一次破碎深度约 0.6~1.0m。该法适用于施工场地开阔、大方量的软岩石方工程。优点是没有钻爆工序作业，不需要风、水、电辅助设施，简化了场地布置，加快了施工进度，提高了生产能力。缺点是不适于破碎坚硬岩石。

（3）静态破碎法

静态破碎法是将膨胀剂放入炮孔内，利用产生的膨胀力，缓慢地作用于孔壁，经过数小时至 24 小时达到 300~500MPa 的压力，使介质裂开。该法适用于在设备附近、高压线下以及开挖与浇筑过渡段等特定条件下的开挖。优点是安全可靠，没有爆破产生的公害。缺点是破碎效率低，开裂时间长。

二、路基爆破施工

（一）综合爆破施工技术

综合爆破一般包括小炮和洞室炮两大类。小炮主要包括钢钎炮、深孔爆破等钻孔爆破；洞室炮主要包括药壶炮和猫洞炮，随药包性质、断面形状和微地形的变化而不同。用药量 1t 以上为大炮，1t 以下为中小炮。

1. 钢钎炮通常指炮眼直径和深度分别小于 70mm 和 5m 的爆破方法。

钢钎炮比较灵活，适用于地形艰险及爆破量较小地段（如打水沟、开挖便道、基坑等），在综合爆破中是一种改造地形，为其他炮型服务的不可缺少的辅助炮型。由于钢钎炮炮眼浅，用药少，每次爆破的方数不多，并全靠人工清除，所以不利于爆破能量的利用且工效较低。

2. 深孔爆破是孔径大于 75mm、深度在 5m 以上、采用延长药包的一种爆破方法。

深孔爆破炮孔需用大型的潜孔凿岩机或穿孔机钻孔，如用挖运机械清方可以实现石方施工全面机械化，劳动生产率高，一次爆落的方量多，施工进度快，爆破时比较安全，是大量石方（万方以上）快速施工的发展方向之一。

3. 药壶炮是指在深2.5～3.0m以上的炮眼底部用小量炸药经一次或多次烘膛，使眼底成葫芦形，将炸药集中装入药壶中进行爆破。

药壶炮主要用于露天爆破，其使用条件是：岩石应在Ⅺ级以下，不含水分，阶梯高度（H）小于10～20m，自然地面坡度在70°左右。如果自然地面坡度较缓，一般先用钢钎炮切脚，炸出台阶后再使用。经验证明，药壶炮最好用于Ⅶ～Ⅸ级岩石，中心挖深4～6m，阶梯高度在7m以下。药壶炮装药量可根据药壶体积而定，一般介于10～60kg之间，最多可达100kg。每次可炸岩石数十方至数百方，是小炮中最省工、省药的一种方法。

4. 猫洞炮系指炮洞直径为0.2～0.5m，洞穴成水平或略有倾斜（台眼），深度小于5m，用集中药包在炮洞中进行爆炸的一种方法。

猫洞炮充分利用岩体本身的崩塌作用，能用较浅的炮眼爆破较高的岩体，一般爆破可炸松15～150m³。其最佳使用条件是：岩石等级一般为Ⅸ级以下，最好是Ⅴ～Ⅶ级；阶梯高度最小应大于眼深的两倍，自然地面坡度不小于50°，最好在70°左右。由于炮眼直径较大，爆能利用率甚差，故炮眼深度应大于1.5～2.0m，不能放孤炮。猫洞炮工效一般可达4～10m³，单位耗药量在0.13～0.3kg/m³之间。在有裂缝的软石坚石中，阶梯高度大于4m，药壶炮药壶不易形成时，采用猫洞炮可以获得好的爆破效果。

（二）路基爆破施工技术

1. 常用爆破方法

（1）光面爆破

在开挖限界的周边适当排列一定间隔的炮孔，在有侧向临空面的情况下，用控制抵抗线和药量的方法进行爆破，使之形成一个光滑平整的边坡。

（2）预裂爆破

在开挖限界处按适当间隔排列炮孔，在没有侧向临空面和最小抵抗线的情况下，用控制药量的方法，预先炸出一条裂缝，使拟爆体与山体分开，作为隔震减震带，起保护开挖限界以外山体或建筑物和减弱地震对其破坏的作用。

路桥工程管理与给排水规划设计

（3）微差爆破

两相邻药包或前后排药包以若干毫秒的时间间隔（一般为15～75ms）依次起爆，称为微差爆破，亦称毫秒爆破。

（4）定向爆破

利用爆能将大量土石方按照指定的方向，搬移到一定的位置并堆积成路堤的一种爆破施工方法，称为定向爆破。

（5）洞室爆破

为使爆破设计断面内的岩体大量抛掷（抛坍）出路基，减少爆破后的清方工作量，保证路基的稳定性，可根据地形和路基断面形式，采用抛掷爆破、定向爆破、松动爆破方法。抛掷爆破有三种形式。

①平坦地形的抛掷爆破（亦称扬弃爆破）。自然地面坡角 α＜15°，路基设计断面为拉沟路堑，石质大多是软石时，为使石方大量扬弃到路基两侧，通常采用稳定的加强抛掷爆破。

②斜坡地形路堑的抛掷爆破。自然地面坡角 α 在15°～50°之间，岩石也较松软时，可采用抛掷爆破。

③斜坡地形半路堑的抛坍爆破。自然地面坡角 α＞30°，地形地质条件均较复杂，临空面大时，宜采用这种爆破方法。在陡坡地段，岩石只要充分破碎，就可以利用岩石本身的自重坍滑出路基，提高爆破效果。

2. 石质路堑爆破施工技术要点

（1）恢复路基中线，放出边线，钉牢边桩。

（2）根据地形、地质及挖深选择适宜的开挖爆破方法，制订爆破方案，作出爆破施工组织设计，报有关部门审批。

（3）用推土机整修施工便道，清理表层覆盖土及危石。

（4）在地面上准确放出炮眼（井）位置，竖立标牌，标明孔（井）号、深度、装药量。

（5）用推土机配合爆破，创造临空面，使最小抵抗线方向面向回填方向。

（6）炮眼按其不同深度，采用手风钻或潜孔钻钻孔，炮眼布置在整体爆破时采用"梅花形"或"方格形"，预裂爆破时采用"一字形"，洞室爆破根据设计确定药包的位置和药量。

（7）在居民区及地质不良可能引起坍塌后遗症的路段，原则上不采用大中型洞室爆破。在石方集中的深挖路堑采用洞室爆破时，应认真设计分集药包位置和装药量，精确测算爆破漏斗，防止超爆、少爆或震松边坡，留下后患。

（8）爆破施工要严格控制飞石距离，采取切实可行的措施，确保人员和建筑物的安全，如采用毫秒微差爆破技术，将一响最大药量控制为最深单孔药量。

（9）确保边坡爆破质量，采用预裂爆破技术、光面爆破技术和微差爆破技术，同时配合选择合理的爆破参数，减少冲击波影响，降低石料大块率，以减少二次破碎，利于装运和填方。

（10）装药前要布好警戒，选择好通行道路，认真检查炮孔、洞室，吹净残渣，排除积水，做好爆破器材的防水保护工作，雨期或有地下水时，可考虑采用乳化防水炸药。

（11）装药分单层、分层装药、预裂装药及洞室内集中装药。炮眼装药后用木杆捣实，填塞黏土，洞室装药时，将预先加好的起爆体放在药包中心位置，周围填以硝酸安全炸药，用砂黏土填塞，填塞时要注意保护起爆线路。

（12）认真设计，严密布设起爆网络，防止发生短路及二响重叠现象。

（13）顺利起爆，并清除边坡危石后，用推土机清出道路，用推土机、铲运机纵向出土填方，运距较远时，用挖掘机械装土，自卸汽车运输。

（14）随时注意控制开挖断面，切勿超爆，适时清理整修边坡和暴露的孤石。

（15）路基开挖至设计标高，经复测检查断面尺寸合格后，及时开挖边沟和排水沟、截水沟，经监理工程师验收合格后，按设计对边沟、边坡进行防护，边沟施工要做到尺寸准确，线型直顺，曲线圆滑，沟底平顺，排水畅通，浆砌护坡要做到平整坚实，灰浆饱满。路槽整理要掌握好，不要留孤石和超爆，做到一次标准成型验收合格。

三、填方路基施工

（一）路基填料的选择

1. 路床填料的一般要求

用于公路路基的填料要求挖取方便，压实容易，强度高，水稳定性好。其中强度要求是按 CBR 值确定，应通过取土试验确定填料最小强度和最大粒径。路床填料最大粒径应小于 100mm，路床填料应均匀。

2. 路堤填料的一般要求

（1）路堤宜选用级配较好的砾类土、砂类土等粗粒土作为填料，填料最大粒径应小于150mm。

（2）含草皮、生活垃圾、树根、腐殖质的土严禁作为填料。

（3）泥炭、淤泥、冻土、强膨胀土、有机质土及易溶盐超过允许含量的土，不得直接用于填筑路基；确需使用时，必须采取技术措施进行处理，经检验满足设计要求后方可使用。

（4）季节冻土地区路床及浸水部分的路堤不应直接采用粉质土填筑。

（5）液限大于50%、塑性指数大于26、含水量不适宜直接压实的细粒土，不得直接作为路堤填料；需要使用时，必须采取技术措施进行处理，经检验满足设计要求后方可使用。

（6）浸水路堤、桥涵台背和挡土墙墙背宜采用渗水性好的填料。在渗水材料缺乏的地区，采用细粒土填筑时，可采用无机结合料进行稳定处理。

3. 填石路堤填料要求

山区填石路堤最为常见，石料来源主要是路堑和隧道爆破后的石料。硬质岩石、中硬岩石可用作路床、路堤填料；软质岩石可用作路堤填料，不得用于路床填料；膨胀性岩石、易溶性岩石和盐化岩石等不得用于路堤填筑。填石路堤填料的粒径应不大于500mm，并不宜超过层厚的2/3，不均匀系数宜为15～20。填石路堤顶部最后一层填石料的铺筑层厚不得大于0.4m，填料粒径不得大于150mm，其中小于5mm的细料含量不应小于30%，且铺筑层表面应无明显孔隙、空洞。填石路堤上部采用其他材料填筑时，可视需要设置土工布作为隔离层。路床填料粒径应小于100mm。

4. 土石路堤填料要求

膨胀岩石、易溶性岩石等不宜直接用于路堤填筑，崩解性岩石和盐化岩石等不得直接用于路堤填筑。天然土石混合填料中，中硬、硬质石料的最大粒径不得大于压实层厚的2/3；石料为强风化石料或软质石料时，其CBR值应符合规范的规定，石料最大粒径不得大于压实层厚。

（二）路堤施工技术

1. 土质路堤施工技术

（1）土质路堤的填筑技术

①填筑方法

土质路堤填筑常用推土机、铲运机、平地机、压路机、挖掘机、装载机等机械按以下几种方式作业。

A. 水平分层填筑：填筑时按照横断面全宽分成水平层次，逐层向上填筑，是路基填筑的常用方式。

B. 纵向分层填筑：依路线纵坡方向分层，逐层向上填筑。常用于地面纵坡大于12%、用推土机从路堑取料、填筑距离较短的路堤。缺点是不易碾压密实。

C. 横向填筑：从路基一端或两端按横断面全高逐步推进填筑。由于填土过厚，不易压实，仅用于无法自下而上填筑的深谷、陡坡、断岩、泥沼等机械无法进场的路堤。

D. 联合填筑：路堤下层用横向填筑而上层用水平分层填筑。适用于因地形限制或填筑堤身较高，不宜采用水平分层填筑或横向填筑法进行填筑的情况。单机或多机作业均可，一般沿线路分段进行，每段距离以20～40m为宜，多在地势平坦，或两侧有可利用的山地土场的场合采用。

②机械填筑路堤作业方式

A. 推土机填筑路堤作业方式

推土机作业方式通常是由切土、推土、堆卸、空返共四个环节组成。而影响作业效率的主要是切土和推土两个环节。推土机作业效率取决于切满土的速度、距离以及推土过程中切满刀片中的土散失量和推运速度。其作业方式一般有坑槽推土、波浪式推土、并列推土、下坡推土和接力推土。

B. 挖掘机填筑路堤作业方式

利用挖掘机填筑路堤施工，一般有两种方式：一种为从路基一侧挖土，直接卸向另一侧填筑路堤。这种方式，用反铲挖掘机施工比较方便。另一种方式则配合运土车辆，挖掘机挖土装车后，运至路堤施工现场卸土填筑，这是挖土机填筑路堤施工的主要方式，正、反铲挖掘机都能适用，而且一般在取土场比较集中且运距较长的情况下最宜采用。两种方式都宜与推土机配合施工。

（2）土质路堤压实施工技术要点

压实机械对土进行碾压时，一般以慢速效果最好，除羊足碾或凸块式碾外，压实速度以 2～4km/h 最为适宜。羊足碾的速度可以快些，在碾压黏土时最高可达 12～16km/h，还不至影响碾压质量。各种压实机械的作业速度，应在填方前做试验段碾压，找出最佳效果的碾压速度，正式施工时参照执行。

碾压一段终了时，宜采取纵向退行方式继续第二遍碾压，不宜采用掉头方式，以免因机械掉头时搓挤土，使压实的土被翻松。故压路机始终要以纵向进退方式进行压实作业。

在整个全宽的填土上压实，宜纵向分行进行，直线段由两边向中间，曲线段宜由曲线的内侧向外侧(当曲线半径超过200m时，可以按直线段方式进行)。两行之间的接头一般应重叠1/4～1/3轮迹；对于三轮压路机则应重叠后轮的1/2。

纵向分段压好以后，进行第二段压实时，其在纵向接头处的碾压范围，宜重叠 1～2m，以确保接头处平顺过渡。

（3）土质路堤施工规定

①性质不同的填料，应水平分层、分段填筑、分层压实。同一水平层路基的全宽应采用同一种填料，不得混合填筑。每种填料的填筑层压实后的连续厚度不宜小于 500mm。填筑路床顶最后一层时，压实后的厚度应不小于 100mm。

②对潮湿或冻融敏感性小的填料应填筑在路基上层。强度较小的填料应填筑在下层。在有地下水的路段或临水路基范围内，宜填筑透水性好的填料。

③在透水性不好的压实层上填筑透水性较好的填料前，应在其表面设 2%～4% 的双向横坡，并采取相应的防水措施。不得在由透水性较好的填料所填筑的路堤边坡上覆盖透水性不好的填料。

④每种填料的松铺厚度应通过试验确定。

⑤每一填筑层压实后的宽度不得小于设计宽度。

⑥路堤填筑时，应从最低处起分层填筑，逐层压实；当原地面纵坡大于12%或横坡陡于1:5时，应按设计要求挖台阶，或设置坡度向内并大于4%、宽度大于2m的台阶。

⑦填方分几个作业段施工时，接头部位如不能交替填筑，则先填路段，应按 1:1 坡度分层留台阶；如能交替填筑，则应分层相互交替搭接，搭接长度不小于 2m。

2.填石路堤施工技术

（1）填石路堤施工工艺流程

①施工准备

A.对原地面处理：清除原地面草皮、耕作物、树根、淤泥、腐殖土等有害物质，用压路机碾压至规定压实度，检测合格后进行下一道工序；

B.确定取料场的位置，制定采集方案，配备自卸车及附属机械，规划便道；

C.对填料做标准试验，同一作业段材料尽量材质均匀，达到填石路堤的质量要求，集料比例、细料含量、塑性指数等符合规定；

D.每一种填料开始填筑前应做试验路段，验证压路机型、铺填厚度、碾压遍数、检测质量方法和控制方法。

②测量放样

A.复核中桩线、水准点高程和中桩标高。

B.按纵向设计标高和横断面设计图，逐桩放样。

C.钉出中心桩和边桩，设置标杆，标出每层的填筑高度，挂线施工。

D.设置好观测沉降量的基准点和桩位。

③按指定位置

经监理工程师批准的取料场，用推土机清除覆盖后，用推土机、装载机或挖掘机按填料要求进行备料，监理工程师签认"材料许可证"。

④选用大吨自卸汽车运料至施工路段内，运用"车推法"摊铺。

首先进一车石料卸在填筑地段，推土机马上根据填石路堤容许松铺厚度摊平，然后将第2车料卸在第1车料摊平的末端，第1车料的石块就均匀地被压在匣面，细料在表面嵌缝，这样填石路堤表面看不见突石，既平整又顺适，且便于压实。

⑤分层填筑用推土机配合人工整平

A.逐层填筑时，应安排好石料运输路线派人指挥，按水平分层，先低后高，先两侧后中间卸料，并用大型推土机摊平。个别不平处应配合人工用细石块、石屑找平。虚铺厚度按规定一般路床以下0~50cm为30cm；50cm以下为40cm。

B.如石块天然级配交叉，粒径大，石块间的空隙较大时，可于每层表面的空隙里扫入石渣、石屑、中粗砂或砂砾，再以压力水将砂冲入下部，反复数次，使空隙填满。

C. 对丁大丁 20cm 的石块进行人工捡出或砸碎。如填料颗粒非常均匀，无细料填充时，可人工再用小石块找平，石屑塞缝，最后压实。

D. 填料中如果粒径在 20cm 以上的石块较多时，边坡外侧可选用微风化的坚硬石料砌筑，厚度不小于 1.0cm，可以起到封路基的作用。

⑥洒水

填石路堤不同于土质路基，难以确定最大干密度和最佳含水量，在路堤填筑过程中根据填料颗粒组成和石料性质，经现场监理人员同意，可适量洒水，使路基表面平整。

⑦碾压和整形

填石路堤密实程度，只有选用振动压路机，才能达到最佳压实度。碾压速度不宜大于 3km/h，碾压时直线段由两边向中间，小半径曲线段由内侧向外侧，纵向进退式进行。纵向接头搭重压不小于 2m，横向接头轮迹重叠 1/3，直到无碾压、无死角，确保碾压均匀。

按设计断面进行边坡整修，达到平整、无悬石。每层填筑时，留有超宽（每侧各 25cm），边坡坡度按 1∶5 控制，施工时路拱 2%，路床顶面按 1.5% 控制。

⑧检查压实度

填石路堤的压实检测采用"沉降量观测法"，沿路纵向每 20m 一处，横向不小于 3 点（左、中、右各一点），但每 100m² 不少于 10 点，定点观测每层压实后表面标高。

（2）填筑方法

①竖向填筑法（倾填法）：以路基一端按横断面的部分或全部高度自上往下倾卸石料，逐步推进填筑。主要用于二级及二级以下，且铺设低级路面的公路，也可用在陡峻山坡施工特别困难或大量以爆破方式挖开填筑的路段，以及无法自下而上分层填筑的陡坡、断岩、泥沼地区和水中作业的填石路堤。该方法施工路基压实、稳定问题较多。

②分层压实法（碾压法）：自下而上水平分层，逐层填筑，逐层压实，是普遍采用并能保证填石路堤质量的方法。高速公路、一级公路和铺设高级路面的其他等级公路的填石路堤采用此方法。

填石路堤将填方路段划分为四级施工台阶、四个作业区段，按施工工艺流程进行分层施工。四级施工台阶是：在路基面以下 0.5m 为第一级台阶，0.5~1.5m

为第二级台阶，1.5～3.0m 为第三级台阶，3.0m 以上为第四级台阶。

施工中填方和挖方作业面形成台阶状，台阶间距视具体情况和适应机械化作业而定，一般长为 100m 左右。填石作业从最低处开始，逐层水平填筑，每一分层先是机械摊铺主骨料，平整作业铺撒嵌缝料，将填石空隙以小石或石屑填满铺平，采用重型振动压路机碾压，压至填筑层顶面石块稳定。

③冲击压实法：利用冲击压实机的冲击碾周期性、大振幅、低频率地对路基填料进行冲击，压密填方。该方法具有分层法连续性的优点，又具有强力夯实法压实厚度深的优点。缺点是在周围有建筑物时，使用受到限制。

④强力夯实法：用起重机吊起夯锤从高处自由落下，利用强大的动力绞击，迫使岩土颗粒位移，提高填筑层的密实度和地基强度。该方法机械设备简单，击实效果显著，施工中不需铺撒细粒料，施工速度快，有效解决了大块石填筑地基厚层施工的夯实难题。对强夯施工后的表层松动层，采用振动碾压法进行压实。

（3）填石路堤强力夯实法施工要点

①强力夯实法简要施工程序

填石分层强夯施工，要求分层填筑与强夯交叉进行，各分层厚度的松铺系数，第一层可取 1.2，以后各层根据第一层的实际情况调整。每一分层连续挤密式夯击，夯后形成夯坑，夯坑以同类型石质填料填补。由于分层厚度 4～5m，填筑作业以堆填法施工，装运需大型装载机和自卸汽车配合作业，铺筑需转龄式推土机摊铺和平整，夯坑回填也需推土机完成，路基面需振动压路机进行最后的压实平整作业。

强夯法与碾压法相比，只是夯实与压实的工艺不同，而填料粒径控制、铺填厚度控制都要进行，强夯法控制夯击击数，碾压法控制压实遍数，机械装运摊铺平整作业完全一样，强夯法须进行夯坑回填。

②分层厚度

施工分层线采取与设计路面平行，以保证路堤、路床和路面底层压实的均匀性。强夯压实要求分层进行。分层厚度 5.0m 左右，高度 20m 以内的填石路堤分四层进行，其中底层稍厚，但不超过 5.5m，面层稍薄，一般为 4.0m。

层厚控制：由于分层层面与路面纵坡平行，按中桩桩号计算列出各分层在路堤相应位置的控制性层面标高，作为分层填筑之依据。

③各层夯点间距布置

各层夯点采用错位布置，即上层夯点位于下层四夯点间，以获得良好的击实效果。纵向上第一层和第三层在道路中线上布置夯点，并向两侧展布；第二层和第四层在距中心线两侧2.25m处布置夯点，夯点间距4.5m×4.5m。

④强夯石质填料的粒径控制一般为40cm以内，最大粒径不超过60cm；施工过程若发现夯锤歪斜，应及时将坑底整平再夯；在有结构物如涵洞、挡墙等附近作业时，涵背、墙背6m范围填石以碾压法施工，强夯施工一定要远离涵墙、挡土墙外6m作业，以保证结构物安全；测量仪器架设在距离夯点30m远处；夯机操作室前应安装牢固的安全防护网，注意检查滑钩、钢丝绳等；夯锤下落时，机下施工人员应距夯点30m外或站在夯机后方。

（4）压实质量标准

不同强度的石料，应分别采用不同的填筑层厚和压实控制标准。填石路堤的压实质量标准宜采用孔隙率作为控制指标。施工压实质量可采用孔隙率与压实沉降差或施工参数(压实功率、碾压速度、压实遍数、铺筑层厚等)联合控制。孔隙率的检测应采用水袋法进行。

（5）填石路堤施工要求

①路堤施工前，应先修筑试验路段，确定满足孔隙率标准的松铺厚度、压实机械型号及组合、压实速度及压实遍数、沉降差等参数。

②路床施工前，应先修筑试验路段，确定能达到最大压实干密度的松铺厚度、压实机械型号压实速度及压实遍数、沉降差等参数。

③二级及二级以上公路的填石路堤应分层填筑压实。二级以下砂石路面公路在陡峻山坡地段施工特别困难时，可采用倾填的方式将石料填筑于路堤下部，但在路床底面以下不小于1.0m范围内仍应分层填筑压实。

④岩性相差较大的填料应分层或分段填筑。严禁将软质石料与硬质石料混合使用。

⑤中硬、硬质石料填筑路堤时，应进行边坡码砌，码砌边坡的石料强度、尺寸及码砌厚度应符合设计要求。边坡码砌与路基填筑宜基本同步进行。

⑥压实机械宜选用自重不小于18t的振动压路机。

⑦在填石路堤顶面与细粒土填土层之间应按设计要求设过渡层。

3.土石路堤施工技术

（1）填筑方法

土石路堤不得采用倾填方法，只能采用分层填筑，分层压实；宜用推土机铺填，松铺厚度控制在40cm以内，接近路堤设计标高时，需改用土方填筑。

（2）土石路堤施工要求

①压实机械宜选用自重不小于18t的振动压路机。

②施工前，应根据土石混合材料的类别分别进行试验路段施工，确定能达到最大压实干密度的松铺厚度、压实机械型号及组合、压实速度及压实遍数、沉降差等参数。

③土石路堤不得倾填，应分层填筑压实。

④碾压前应使大粒径石料均匀分散在填料中，石料间孔隙应填充小粒径石料、土和石渣。

⑤压实后透水性差异大的土石混合材料，应分层或分段填筑，不宜纵向分幅填筑；如确需纵向分幅填筑，应将压实后渗水良好的土石混合材料填筑于路堤两侧。

⑥土石混合材料来自不同料场，其岩性或土石比例相差较大时，宜分层或分段填筑。

⑦填料由土石混合材料变化为其他填料时，土石混合材料最后一层的压实厚度应小于300mm，该层填料最大粒径宜小于150mm，压实后，该层表面应无孔洞。

⑧中硬、硬质石料的土石路堤，应进行边坡码砌，码砌边坡的石料强度、尺寸及码砌厚度应符合设计要求。边坡码砌与路堤填筑宜基本同步。软质石料土石路堤的边坡按土质路堤边坡处理。

⑨中硬、硬质石料的土石路堤，施工过程中的每一压实层，可用试验路段确定的工艺流程和工艺参数，控制压实过程；用试验路段确定的沉降差指标，检测压实质量。其路基成型后质量应符合填石的规定。

⑩软质石料填筑的土石路堤，应符合土质路堤的相关规定。

4.高路堤施工技术

路基填土边坡高度大于20m的路堤称为高路堤。高路堤填料宜优先采用强度高、水稳性好的材料，或采用轻质材料。受水淹、浸的部分，应采用水稳性和透水性均好的材料。

高路堤应采用分层填筑、分层压实的方法施工，每层填筑厚度根据所采用的填料确定。如果填料来源不同，性质相差较大时，不应分段或纵向分幅填筑。施工中应按设计要求预留路堤高度与宽度，并进行动态监控。施工过程中宜进行沉降观测，按照设计要求控制填筑速率。高填方路堤宜优先安排施工。

5. 粉煤灰路堤施工技术

粉煤灰路堤可用于高速公路。凡是电厂排放的硅铝型低铝粉煤灰都可作为路堤填料。由于是轻质材料，粉煤灰的使用可减轻土体结构自重，减少软土路堤沉降，提高土体抗剪强度。

粉煤灰路堤一般由路堤主体部分、护坡和封顶层以及隔离层、排水系统等组成，其施工步骤与土质路堤施工方法相类似，仅增加了包边土和设置边坡盲沟等工序。

第三节　路基季节性施工

一、路基雨期施工技术

（一）雨期施工地段的要求

1. 雨期路基施工地段一般应选择丘陵和山岭地区的砂类土、碎砾石和岩石地段和路堑的弃方地段。

2. 重黏土、膨胀土及盐渍土地段不宜在雨期施工；平原地区排水困难，不宜安排雨期施工。

（二）雨期施工前的准备工作

1. 对选择的雨期施工地段进行详细的现场调查研究，据实编制实施性的雨期施工组织计划。

2. 应修建施工便道并保持晴雨畅通。

3. 住地、库房、车辆机具停放场地、生产设施都应设在最高洪水位以上地点或高地上，并应远离泥石流沟槽冲积堆一定的安全距离。

4. 应修建临时排水设施，保证雨期作业的场地不被洪水淹没并能及时排除地面水。

5. 应储备足够的工程材料和生活物资。

（三）雨期填筑路堤

1. 雨期路堤施工地段除施工车辆外，应严格控制其他车辆在施工场地通行。

2. 在填筑路堤前，应在填方坡脚以外挖掘排水沟，保持场地不积水，如原地面松软，应采取换填措施。

3. 应选用透水性好的碎（卵）石土、砂砾、石方碎渣和砂类土作为填料。利用挖方土作为填料时应随挖随填，及时压实。含水量过大无法晾干的土不得用作雨期施工填料。

4. 路堤应分层填筑。每一层的表面，应做成2%～4%的排水横坡。当天填筑的土层应当天或雨前完成压实。

5. 雨期填筑路堤需借土时，取土坑距离填方坡脚不宜小于3m。平原区路基纵向取土时，取土坑深度一般不宜大于1m。

（四）雨期开挖路堑

1. 土质路堑开挖前，在路堑边坡坡顶2m以外开挖截水沟并接通出水口。

2. 开挖土质路堑宜分层开挖，每挖一层均应设置排水纵横坡。挖方边坡不宜一次挖到设计标高，应沿坡面留30cm厚，待雨期过后整修到设计坡度，以挖作填的挖方应随挖随运随填。

3. 土质路堑挖至设计标高以上30～50cm时应停止开挖，并在两侧挖排水沟。待雨期过后再挖到路床设计标高后再压实。

4. 土的强度低于规定值时应按设计要求进行处理。

5. 雨期开挖岩石路堑，炮眼应尽量水平设置。边坡应按设计坡度自上而下层层刷坡，坡度应符合设计要求。

二、路基冬期施工技术

在反复冻融地区，昼夜平均温度在 –3℃以下，连续 10 天以上时，进行路基施工称为路基冬期施工。当昼夜平均温度虽然上升到 –3℃以上，但冻土未完全融化时，亦应按冬期施工。

（一）路基工程可冬期进行的项目

泥沼地带河湖冻结到一定深度后，如需换土时可趁冻结期挖去原地面的软土、淤泥层换填合格的其他填料。

含水量高的流动土质、流沙地段的路堑可利用冻结期开挖。

河滩地段可利用冬期水位低，开挖基坑修建防护工程，但应采取加温保温措施，注意养护。

岩石地段的路堑或半填半挖地段，可进行开挖作业。

（二）路基工程不宜冬期施工的项目

1. 高速公路、一级公路的土路基和地质不良地区的二级以下公路路堤。
2. 铲除原地面的草皮、挖掘填方地段的台阶。
3. 整修路基边坡。
4. 在河滩低洼地带将被水淹的填土路堤。

（三）路基冬期施工前的准备工作

1. 对冬期施工项目按次排队，编制实施性的施工组织计划。
2. 冬期施工项目在冰冻前应进行现场放样，保护好控制桩并树立明显的标志，防止被冰雪掩埋。
3. 冰冻前应挖好坡地上填方的台阶，清除石方挖方的表面覆盖层、裸露岩体。
4. 维修保养冬期施工需用的车辆、机具设备，充分备足冬期施工期间的工程材料。
5. 准备施工队伍的生活设施、取暖照明设备、燃料和其他越冬所需的物资。

（四）冬期填筑路堤

1. 冬期施工的路堤填料，应选用未冻结的砂类土，碎、卵石土，开挖石方的石块石碴等透水性良好的土。

2. 冬期填筑路堤，应按横断面全宽平填，每层松厚应按正常施工减少20%～30%，且最大松铺厚度不得超过30cm。压实度不得低于正常施工时的要求。当天填的土必须当天完成碾压。

3. 当路堤高距路床底面1m时，应碾压密实后停止填筑。

4. 挖填方交界处，填土低于1m的路堤都不应在冬期填筑。

5. 冬期施工取土坑应远离填方坡脚。如条件限制需在路堤附近取土时，取土坑内侧到填方坡脚的距离应不得小于正常施工护坡道的1.5倍。

6. 冬期填筑的路堤，每层每侧应按设计和施工技术规范规定超填并压实。待冬期后修整边坡削去多余部分并拍打密实或加固。

（五）冬期施工开挖路堑表层冻土的方法

1. 爆破冻土法：当冰冻深度达1m以上时可用此法炸开冻土层。炮眼深度取冻土深度的0.75～0.9倍，炮眼间距取冰冻深度的1～1.3倍并按梅花形交错布置。

2. 机械破冻法：1m以下的冻土层可选用专用破冻机械如冻土犁、冻土锯和冻土铲等，予以破碎清除。

3. 人工破冻法：当冰冻层较薄，破冻面积不大，可用日光暴晒法、火烧法、热水开冻法、水针开冻法、蒸汽放热解冻法和电热法胀开或融化冰冻层，并辅以人工撬挖。

（六）冬期开挖路堑

1. 当冻土层被开挖到未冻土后，应连续作业，分层开挖，中间停顿时间较长时，应在表面覆雪保温，避免重复被冻。

2. 挖方边坡不应一次挖到设计线，应预留30cm厚台阶，待到正常施工季节再削去预留台阶，整理达到设计边坡。

3. 路堑挖至路床面以上1m时，挖好临时排水沟后，应停止开挖并在表面覆以雪或松土，待到正常施工时，再挖去其余部分。

4.冬期开挖路堑必须从上向下开挖，严禁从下向上掏空挖"神仙土"。

5.每日开工时先挖向阳处，气温回升后再挖背阴处，如开挖时遇地下水源，应及时挖沟排水。

6.冬期施工开挖路堑的弃土要远离路堑边坡坡顶堆放。弃土堆高度一般不应大于3m，弃土堆坡脚到路堑边坡顶的距离一般不得小于3m，深路堑或松软地带应保持5m以上。弃土堆应摊开整平，严禁把弃土堆于路堑边坡顶上。

第二章 路面工程

路面是道路的重要组成部分，是在路基的顶部用各种材料或混合料分层铺筑的供车辆行驶的一种层状结构物。路面的性能影响行车速度、安全、舒适性和运输成本，因此，认真组织、严格施工，使路面在设计使用年限内具有良好的使用性能，具有十分重要的意义。

第一节 路面基层施工技术

一、路面基层（底基层）施工技术

（一）路面基层（底基层）用料要求

1. 粒料基层原材料的技术要求

填隙碎石用作基层时，骨料的公称最大粒径应不大于53mm；用作底基层时，应不大于63mm。用作基层时骨料的压碎值应不大于26%，用作底基层时应不大于30%。骨料中针片状颗粒和软弱颗粒的含量应不大于15%。骨料可用具有一定强度的各种岩石或漂石轧制，宜采用石灰岩。采用漂石时，其粒径应大于骨料公称最大粒径的3倍。骨料也可以用稳定的矿渣轧制，矿渣的干密度和质量应均匀，且干密度应不小于960kg/m³。填隙料宜采用石屑，缺乏石屑地区，可添加细砾砂或粗砂等细集料。

（二）无机结合料稳定基层原材料的技术要求

1. 水泥及添加剂

（1）强度等级为32.5或42.5，且满足规范要求的普通硅酸盐水泥等均可使用。

（2）所用水泥初凝时间应大于3h，终凝时间应大于6h且小于10h。

（3）在水泥稳定材料中掺加缓凝剂或早强剂时，应对混合料进行试验验证。缓凝剂和早强剂的技术要求应符合现行规范的规定。

2. 石灰

（1）高速公路和一级公路用石灰应不低于Ⅱ级技术要求，二级公路用石灰应不低于Ⅲ级技术要求，二级以下公路宜不低于Ⅲ级技术要求。

（2）高速公路和一级公路的基层，宜采用磨细消石灰。

（3）二级以下公路使用等外石灰时，有效氧化钙含量应在20%以上，且混合料强度应满足要求。

3. 粉煤灰等工业废渣

（1）干排或湿排的硅铝粉煤灰和高钙粉煤灰等均可用作基层或底基层的结合料。

（2）各等级公路的底基层、二级及二级以下公路的基层使用的粉煤灰，应进行混合料强度试验，达到规格相关要求的强度指标时，方可使用。

（3）煤矸石、煤渣、高炉矿渣、钢渣及其他冶金矿渣等工业废渣可用于修筑基层或底基层，使用前应崩解稳定，且宜通过不同龄期条件下的强度和模量试验以及温度收缩和干湿收缩试验等评价混合料性能。

（4）水泥稳定煤矸石不宜用于高速公路和一级公路。

（5）工业废渣类作为集料使用时，公称最大粒径应不大于31.5mm，颗粒组成宜有一定级配，且不宜含杂质。

4. 水

（1）饮用水可直接作为基层、底基层材料拌和与养护用水。

（2）拌和使用的非饮用水应进行水质检验。

（3）养护用水可不检验不溶物含量。

5. 粗集料

（1）用作被稳定材料的粗集料宜采用各种硬质岩石或砾石加工成的碎石，也可直接采用天然砾石。

（2）高速公路和一级公路极重、特重交通荷载等级基层的4.75mm以上粗集料应采用单一粒径的规格料。

（3）作为高速公路、一级公路底基层和二级及二级以下公路基层、底基层被稳定材料的天然砾石材料满足应级配稳定、塑性指数不大于9。

（4）应选择适当的碎石加工工艺，用于破碎的原石粒径应为破碎后碎石公称最大粒径的3倍以上。高速公路基层用碎石，应采用反击破碎的加工工艺。

（5）碎石加工中，根据筛网放置的倾斜角度和工程经验，应选择合理的筛孔尺寸。粒径尺寸与筛孔尺寸对应关系，根据破碎方式和石质的不同，可适当调整筛孔尺寸，调整范围宜为1～2mm。

（6）用作级配碎石或砾石的粗集料应采用具有一定级配的硬质石料，且不应含有黏土块、有机物等。

（7）级配碎石或砾石用作基层时，高速公路和一级公路公称最大粒径应不大于26.5mm，二级及二级以下公路公称最大粒径应不大于31.5mm；用作底基层时，公称最大粒径应不大于37.5mm。

6. 细集料

（1）细集料应洁净、干燥、无风化、无杂质，并有适当的颗粒级配。

（2）高速公路和一级公路用细集料技术要求：

①对0～3mm和0～5mm的细集料应分别严格控制大于2.36mm和4.75mm的颗粒含量。对3～5mm的细集料应严格控制小于2.36mm的颗粒含量。

②高速公路和一级公路，细集料中小于0.075mm的颗粒含量应不大于15%；二级及二级以下公路，细集料中小于0.075mm的颗粒含量应不大于20%。

③级配碎石或砾石中的细集料可使用细筛余料，或专门轧制的细碎石集料。

④天然砾石或粗砂作为细集料时，其颗粒尺寸应满足工程需要，且级配稳定，超尺寸颗粒含量超过规范或实际工程的规定时应筛除。

7. 材料分档与掺配

公称最大粒径为19mm、26.5mm和31.5mm的无机结合料稳定碎石或砾石的备料规格：

用于二级及二级以上公路基层和底基层的级配碎石或砾石，应由不少于4种规格的材料掺配而成。

天然材料用于高速公路和一级公路的基层时，天然材料的规格不满足设计级配的要求时，可掺配一定比例的碎石或轧碎砾石。

级配碎石或砾石细集料的塑性指数应不大于12。不满足要求时，可加石灰、无塑性的砂或石屑掺配处理。

8.混合料组成设计

无机结合料稳定材料组成设计应包括原材料检验、混合料的目标配合比设计、混合料的生产配合比设计和施工参数确定四部分。

（1）原材料检验

应包括结合料、被稳定材料及其他相关材料的试验。所有检测指标均应满足相关设计标准或技术文件的要求。

（2）目标配合比设计应包括下列技术内容

①选择级配范围。

②确定结合料类型及掺配比例。

③验证混合料相关的设计及施工技术指标。

（3）生产配合比设计应包括下列技术内容

①确定料仓供料比例。

②确定水泥稳定材料的容许延迟时间。

③确定结合料剂量的标定曲线。

④确定混合料的最佳含水率、最大密度。

（4）施工参数确定应包括下列技变髒

①确定施工中结合料的剂量律。

②确定施工合理含水率及最大干密度。

③验证混合料强度技术指标。

二、路面粒料基层（底基层）施工

（一）粒料分类及适用范围

1. 粒料分类

（1）嵌锁型——包括泥结碎石、泥灰结碎石、填隙碎石等。

（2）级配型——包括级配碎石、级配砾石、符合级配的天然砂砾、部分砾石经轧制掺配而成的级配砾、碎石等。

2. 粒料类适用范围

（1）级配碎石可用于各级公路的基层和底基层。级配碎石可用做较薄沥青面层与半刚性基层之间的中间层。

（2）级配砾石、级配碎砾石以及符合级配、塑性指数等技术要求的天然砂砾，可适用于轻交通的二级和二级以下公路的基层以及各级公路的底基层。

（3）填隙碎石可用于各等级公路的底基层和二级以下公路的基层。

（二）施工一般要求

1. 填隙碎石可采用干法或湿法施工。干旱缺水地区宜采用干法施工。单层填隙碎石的压实厚度宜为公称最大粒径的1.5~2.0倍。填隙碎石施工时，应符合下列规定。

（1）填隙料应干燥。

（2）宜采用振动压路机碾压，碾压后，表面骨料间的空隙应填满，但表面应看得见骨料。填隙碎石层上为薄沥青面层时，宜使骨料的棱角外露3~5mm。

（3）碾压后基层的固体体积率宜不小于85%，底基层的固体体积率宜不小于83%。

（4）填隙碎石基层未洒透层沥青或未铺封层时，不得开放交通。

2. 填隙碎石施工前，应按有关规定准备下承层和施工放样。

3. 应根据各路段基层或底基层的宽度、厚度及松铺系数，计算各段需要的骨料数量，并应根据运料车辆的车厢体积，计算每车料的堆放距离。填隙料的用量宜为骨料质量的30%~40%。

4. 材料装车时，应控制每车料的数量基本相等。

5. 应由远到近将骨料按计算的距离卸置于下承层上，应严格控制卸料距离。

6.用平地机或其他合适的机具将骨料均匀地摊铺在预定的范围内,表面应平整,并有规定的路拱,应同时摊铺路肩用料。

7.应检验松铺材料层的厚度,不满足要求时应减料或补料。

(三)路面粒料基层施工方法

1.填隙碎石干法施工应按下列要求操作。

(1)初压宜用两轮压路机碾压3~4遍,使骨料稳定就位,初压结束时,表面应平整,并具有规定的路拱和纵坡。

(2)填隙料应采用石屑撒布机或类似的设备均匀地撒铺在已压稳的骨料层上,松铺厚度宜为25~30mm;必要时,可用人工或机械扫匀。

(3)应采用振动压路机慢速碾压,将全部填隙料振入骨料间的空隙中。无振动压路机时,可采用重型振动板。路面两侧宜多压2~3遍。

(4)再次撒布填隙料,松铺厚度宜为20~25mm,应用人工或机械扫匀。

(5)再次振动碾压,局部多余的填隙料应扫除。

(6)碾压后,应对局部填隙料不足之处进行人工找补,并用振动压路机继续碾压,直到全部空隙被填满,应将局部多余的填隙料扫除。

(7)填隙碎石表面空隙全部填满后,宜再用重型压路机碾压1~2遍。在碾压过程中,不应有任何蠕动现象。在碾压之前,宜在表面洒少量水,洒水量宜不少于$3kg/m^2$。

(8)需分层铺筑时,应将已压成的填隙碎石层表面骨料外露5~10mm,然后在其上摊铺第二层骨料。

2.填隙碎石湿法施工应按下列要求操作。

(1)骨料层表面空隙全部填满后,宜立即用洒水车洒水,直到饱和。

(2)宜用重型压路机跟在洒水车后碾压。应将湿填隙料及时扫入出现的空隙中;必要时,宜再添加新的填隙料。

(3)应洒水碾压至填隙料和水形成粉浆,粉浆应填塞全部空隙,并在压路机轮前形成微波纹状。

(4)碾压完成的路段应让水分蒸发一段时间,结构层变干后,应将表面多余的细料以及细料覆盖层扫除干净。

(5)需分层铺筑时,宜待结构层变干后,将已压成的填隙碎石层表面填隙料扫除一些，使表面骨料外露 5～10mm，然后在其上摊铺第二层骨料。

三、路面沥青稳定基层（底基层）施工

（一）沥青稳定类基层分类及适用范围

1. 分类

沥青稳定基层（底基层）又称柔性基层（底基层），包括热拌沥青碎石、贯入式沥青碎石、乳化沥青碎石混合料基层（底基层）等。

2. 适用范围

柔性基层、底基层可用于各级公路。

（1）热拌沥青碎石宜用于中等交通及其以上的公路基层、底基层。

（2）贯入式沥青碎石宜用于中、重交通的公路基层或底基层。

（3）热拌沥青碎石、贯入式沥青碎石可用于改建工程的调平层。

（二）施工一般要求

1. 按施工规范要求做好各项施工准备工作。

2. 按施工规范规定的步骤进行热拌沥青碎石的配合比设计，即包括目标配合比设计阶段、生产配合比设计阶段、生产配合比验证阶段。

3. 配合比设计采用马歇尔试验设计方法。

（三）路面沥青稳定基层施工

1. 热拌沥青碎石基层施工

（1）热拌沥青碎石的拌制

①沥青混合料必须在沥青拌和场拌制，可采用间歇式拌和机或连续式拌和机拌制。

②拌和机拌制的沥青混合料应均匀一致，无花白料，无结团成块或严重的粗细料分离现象，不符合要求时不得使用，并应及时调整。

③出厂的沥青混合料应逐车用地磅称重。

（2）热拌沥青混合料的运输

①热拌沥青混合料应采用较大吨位的自卸汽车运输，车厢应清扫干净。为

防止沥青与车厢板黏结，车厢侧板和底板可涂一薄层油水（柴油与水的比例可为1：3）混合料，但不得有余液积聚在车厢底部。

②从拌和机向运料车上放料时，应每卸一斗混合料挪动一下汽车位置，以减少粗细集料的离析现象。

③运料车应用篷布覆盖，用以保温、防雨、防污染。

（3）热拌沥青混合料的摊铺

①铺筑沥青混合料前，应检查确认下层的质量。当下层质量不符合要求，或未按规定撒布透层、粘层、铺筑下封层时，不得铺筑沥青面层。

②热拌沥青混合料应采用机械摊铺。

③沥青混合料的摊铺温度应符合规范要求，并应根据沥青标号、黏度、气温、摊铺层厚度选用。

④当高速公路和一级公路施工气温低于10℃、其他等级公路施工气温低于5℃时，不宜摊铺热拌沥青混合料。

⑤沥青混合料的松铺系数应根据实际的混合料类型，由试铺试压方法或根据以往实践经验确定。

⑥沥青混合料的松铺系数：机械摊铺1.15～1.30，人工摊铺1.20～1.45。

⑦用机械摊铺的混合料，不应用人工反复修整。

⑧可用人工做局部找补或更换混合料；摊铺不得中途停顿。摊铺了的沥青混合料应紧接着碾压，如因故不能及时碾压或遇雨时，应停止摊铺。

（4）热拌沥青混合料的压实及成型

①压实后的沥青混合料应符合压实度及平整度的要求，沥青混合料的分层压实厚度不得大于10cm。

②应选择合理的压路机组合方式及碾压步骤，以达到最佳结果。沥青混合料压实宜采用钢筒式静态压路机与轮胎压路机或振动压路机组合的方式。压路机的数量应根据生产率确定。

③沥青混合料的压实应按初压、复压、终压(包括成型)三个阶段进行。压路机应以慢而均匀的速度碾压，压路机的碾压速度应符合规定。

④初压应在混合料摊铺后较高温度下进行，应采用轻型钢筒式压路机或关闭振动装置的振动压路机碾压2遍。压路机应从外侧向中心碾压。相邻碾压带应重叠1/3～1/2轮宽，最后碾压路中心部分，压完全幅为一遍。

⑤复压应紧接在初压后进行，复压宜采用重型的轮胎压路机，也可采用振动压路机或钢筒式压路机。碾压遍数应经试压确定，不宜少于4～6遍，达到要求的压实度，并无显著轮迹。

⑥终压应紧接在复压后进行。终压可选用双轮钢筒式压路机或关闭振动压路机碾压，不宜少于两遍，并无轮迹。路面压实成型的终了温度应符合规范要求。

（5）接缝

在施工缝及构造物两端的连接处必须仔细操作，保证紧密、平顺。纵向接缝部分的施工，摊铺时采用梯队作业的纵缝应采用热接缝。施工时应将已铺混合料部分留下10～20cm宽暂不碾压，作为后摊铺部分的高程基准面，最后做跨缝碾压以消除缝迹。

半幅施工不能采用热接缝时，宜加设挡板或采用切刀切齐。铺另半幅前必须将缝边缘清扫干净，并涂洒少量粘层沥青。摊铺时应重叠在已铺层上5～10cm，摊铺后用人工将摊铺在前半幅上面的混合料铲走。碾压时先在已压实路面上行走，碾压新铺层10～15cm，然后压实新铺部分，再伸过已压实路面10～15cm，充分将接缝压实紧密。

2. 贯入式沥青碎石基层施工方法

贯入式沥青碎石路面的施工应按下列步骤进行。

（1）撒布主层集料。撒布时应避免颗粒大小不均，并应检查松铺厚度。撒布后严禁车辆在铺好的集料层上通行。

（2）主层集料撒布后应采用6～8t的钢筒式压路机进行初压，碾压速度宜为2km/h。碾压应自路边缘逐渐移向路中心，每次轮迹重叠约30cm，接着应从另一侧以同样的方法压至路中心，以此方式碾压一遍。然后检验路拱和纵向坡度，当不符合要求时，应调整找平再压，至集料无显著推移为止。然后再用10～12t压路机进行碾压，每次轮迹重叠1/2左右，宜碾压4～6遍，直至主层集料嵌挤稳定，无显著轮迹为止。

（3）主层集料碾压完毕后，应立即浇洒第一层沥青。浇洒方法应按规范进行。沥青的浇洒温度应根据沥青标号及气温情况选择。当采用乳化沥青贯入时，为防止乳液下漏过多，可在主层集料碾压稳定后，先撒布一部分上一层嵌缝料，再浇洒主层沥青。乳化沥青在常温下撒布，当气温偏低需要加快破乳速度时，可将乳液加温后撒布，但乳液温度不得超过60℃。

（4）主层沥青浇洒后，应立即均匀撒布第一层嵌缝料，嵌缝料撒布后应立即扫匀，不足处应找补。当使用乳化沥青时，石料撒布必须在乳液破乳前完成。

（5）嵌缝料扫匀后应立即用8~12t钢筒式压路机进行碾压，轮迹重叠1/2左右，宜碾压4~6遍，直至稳定为止。碾压时随压随扫，使嵌缝料均匀嵌入。因气温过高使碾压过程中发生较大推移现象时，应立即停止碾压，待气温稍低时再继续碾压。

（6）浇洒第二层沥青，撒布第二层嵌缝料，然后碾压，再浇洒第三层沥青。

（7）撒布封层料。施工要求与撒布嵌缝相同。

（8）最后碾压，宜采用6~8t压路机碾压2~4遍。

3. 乳化沥青碎石基层施工方法

（1）乳化沥青碎石混合料宜采用拌和机拌和。在条件限制时也可在现场用人工拌制。

（2）采用阳离子乳化沥青时，在与乳液拌和前需用水湿润集料，使集料总含水量达到5%左右，天气炎热宜多加，低温潮湿可少加。当集料湿润后仍不能与乳液拌和均匀时，应改用破乳速度更慢的乳液，或用1%~3%浓度的氯化钙水溶液代替水预先润湿集料表面。

（3）混合料的拌和时间应保证乳液与集料拌和均匀。机械拌和不宜超过30s，人工拌和不宜超过60s（自矿料中加进乳液的时间算起）。

（4）混合料应具有充分的施工和易性，混合料的拌和、运输和摊铺应在乳液破乳前结束。已拌好的混合料应立即运至现场进行摊铺。拌和与摊铺过程中已破乳的混合料，应予废弃。

（5）拌制的混合料宜用沥青摊铺机摊铺。当用人工摊铺时，应防止混合料离析。乳化沥青碎石混合料的松铺系数可根据规范规定通过试验确定。

（6）乳化沥青碎石混合料的碾压，可按热拌沥青混合料的规定进行，并应符合下列要求。

①混合料摊铺后，应采用6t左右的轻型压路机初压，宜碾压1~2遍，使混合料初步稳定，再用轮胎压路机或轻型筒式压路机碾压1~2遍。初压时应匀速进退，不得在碾压路段上紧急制动或快速启动。

②当乳化沥青开始破乳，混合料由褐色转变成黑色时，用12~15t轮胎压路机或10~12t钢筒式压路机复压。复压2~3遍后，立即停止，待晾晒一段

时间，水分蒸发后，再补充复压至密实为止。当压实过程中有推移现象时应立即停止碾压，待稳定后再碾压。如当天不能完全压实，应在较高气温状态下补充碾压。

③碾压时发现局部混合料有松散或开裂时，应立即挖除并换补新料，整平后继续碾压密实。修补处应保证路面平整。压实成型后的路面应做好早期养护，并封闭交通2~6h。

④阳离子乳化沥青碎石混合料可在下层潮湿的情况下施工，施工过程中遇雨应停止铺筑，以防雨水将乳液冲走。

第二节 沥青路面的施工技术

一、沥青路面结构及类型

（一）沥青路面结构组成

沥青路面结构层可由面层、基层、底基层、垫层组成。

1. 面层是直接承受车轮荷载反复作用和自然因素影响的结构层，可由1~3层组成。表面层应根据使用要求设置抗滑耐磨、密实稳定的沥青层；中面层、下面层应根据公路等级、沥青层厚度、气候条件等选择适当的沥青结构层。

2. 基层是设置在面层之下，并与面层一起将车轮荷载的反复作用传布到底基层、垫层、土基，起主要承重作用的层次。基层材料的强度指标应有较高的要求。基层视公路等级或交通量的需要可设置一层或两层。当基层较厚需分两层施将工时，可分别称为上基层、下基层。

3. 底基层是设置在基层之下，并与面层、基层一起承受车轮荷载反复作用，起次要承重作用。底基层材料的强度指标要求可比基层材料略低。底基层视公路等级或交通量的需要可设置一层或两层。底基层较厚需分两层施工时，可分别称为上底基层、下底基层。

4.垫层是设置在底基层与土基之间的结构层，起排水、隔水、防冻、防污等作用。

（二）沥青路面分类

1.按技术品质和使用情况分类

（1）沥青混凝土路面

由适当比例的各种不同大小颗粒的集料、矿粉和沥青，加热到一定温度后拌和，经摊铺压实而成的路面面层。采用相当数量的矿粉是沥青混凝土的一个显著特点。较高的黏结力使路面具有甚高的强度，可以承受比较繁重的车辆交通。但沥青混凝土路面的允许拉应变值较小，会产生规则的横向裂缝，因而要求强度较高的基层。对高温稳定性与低温稳定性均有要求。较小的空隙率使沥青混凝土路面具有透水性小、水稳性好、耐久性高的特点，有较强的抵抗自然因素的能力，使用年限达 15~20 年以上。沥青混凝土路面适用于各级公路面层。

（2）沥青碎石路面

用沥青碎石作为面层的路面，其高温稳定性好，路面不易产生波浪，冬季不易产生冻缩裂缝，行车荷载作用下裂缝少；路面较易保持粗糙，有利于高速行车；对石料级配和沥青规格要求较宽，材料组成设计比较容易满足要求；沥青用量少，且不用矿粉，造价低。但其孔隙较大，路面容易渗水和老化。热拌沥青碎石适宜用于三、四级公路。中粒式、粗粒式沥青碎石宜用作沥青混凝土面层下层、联结层或整平层。

沥青贯入式：用沥青贯入碎（砾）石作为面层的路面，即把沥青浇洒在铺好的主层集料上，再分层撒布嵌缝石屑和浇洒沥青，分层压实，形成一个较致密的沥青结构层。贯入式路面的强度与稳定性主要由石料相互嵌挤作用构成。贯入式路面需要 2~3 周的成型期，在行车碾压与重力作用下，沥青逐渐下渗包裹石料，填充空隙，形成整体的稳定结构层，温度稳定性好，热天不易出现推移、壅包，冷天不易出现低温裂缝，贯入式路面的最上层应撒布封层料或加铺拌和层。沥青贯入式适用于三、四级公路，也可作为沥青混凝土面层的联结层。

沥青表面处置：用沥青和集料按层铺法或拌和法铺筑而成的厚度不超过 3cm 的沥青面层。表面处置按浇洒沥青和撒布集料的遍数不同，分为单层式、双层式、三层式。表面处置路面的使用寿命不及贯入式路面，设计时一般不考虑其承重强度，其作用主要是对非沥青承重层起保护和防磨耗作用，而对旧沥青路面，则是一种日常维护的常用措施。沥青表面处置，一般用于三、四级公路，也可用作沥青路面的磨耗层、防滑层。

2. 按组成结构分类

（1）密实－悬浮结构

在采用连续密级配矿料配制的沥青混合料中，一方面矿料的颗粒由大到小连续分布，并通过沥青胶结作用形成密实结构；另一方面较大一级的颗粒只有留出充足的空间才能容纳下一级较小的颗粒，这样粒径较大的颗粒就往往被较小一级的颗粒挤开，造成粗颗粒之间不能直接接触，也就不能相互支撑形成嵌挤骨架结构，而是彼此分离悬浮于较小颗粒和沥青胶浆中间，这样就形成了密实－悬浮结构的沥青混合料。工程中常用的AC-I型沥青混凝土就是这种结构的典型代表。

（2）骨架－空隙结构

当采用连续开级配矿料与沥青组成沥青混合料时，由于矿料大多集中在较粗的粒径上，所以粗粒径的颗粒可以相互接触，彼此相互支撑，形成嵌挤的骨架。但因很少含有细颗粒，粗颗粒形成骨架空隙无法填充，从而压实后在混合料中留下较多的空隙，形成骨架－空隙结构。工程中使用的沥青碎石混合料（AN）和排水沥青混合料（OGFC）是典型的骨架空隙型结构。

（3）密实－骨架结构

当采用间断密级配矿料与沥青组成沥青混合料时，由于矿料颗粒集中在级配范围的两端，缺少中间颗粒，所以一端的粗颗粒相互支撑嵌挤形成骨架，另一端较细的颗粒填充于骨架留下的空隙中间，使整个矿料结构呈现密实状态，形成密实－骨架结构。沥青膏碎石混合料（SMA）是一种典型的骨架密实型结构。

3. 按矿料级配分类

（1）密级配沥青混凝土混合料

各种粒径的颗粒级配连续、相互嵌挤密实的矿料，与沥青拌和而成，且压实后的剩余空隙率小于10%的混凝土混合料。剩余空隙率为3%～6%（行人道路为2%～6%）的是Ⅰ型密实式改性沥青混凝土混合料；剩余空隙率为4%～10%的是Ⅱ型半密实式改性沥青混凝土混合料。代表类型有沥青混凝土、沥青稳定碎石。

（2）半开级配沥青混合料

由适当比例的粗集料、细集料及少量填料（或不加填料）与沥青拌和而成，压实后剩余空隙率在10%以上的半开式改性沥青混合料。代表类型有改性沥青稳定碎石，用AM表示。

（3）开级配沥青混合料

矿料级配主要由粗集料组成，细集料和填料较少，采用高黏度沥青结合料黏结形成，压实后空隙率大于15%的开式沥青混合料。代表类型有排水式沥青磨耗层混合料，以OGFC表示；另有排水式沥青稳定碎石基层，以ATPCZB表示。

（4）间断级配沥青混合料

矿料级配组成中缺少1个或几个档次而形成的级配间断的沥青混合料，代表类型有沥青玛蹄脂碎石混合料（SMA）。

4. 按矿料粒径分类

（1）砂粒式沥青混合料

矿料最大粒径等于或小于4.75mm（圆孔筛5mm）的沥青混合料，也称为沥青石屑或沥青砂。

（2）细粒式沥青混合料

矿料最大粒径为9.5mm或13.2mm（圆孔筛10mm或15mm）的沥青混合料。

（3）中粒式沥青混合料

矿料最大粒径为16mm或19mm（圆孔筛20mm或25mm）的沥青混合料。

（4）粗粒式沥青混合料

矿料最大粒径为26.5mm或31.5mm（圆孔筛30～40mm）的沥青混合料。

（5）特粗式沥青混合料

矿料的最大粒径等于或大于37.5mm（圆孔筛45mm）的沥青混合料。

5. 按施工温度分类

（1）热拌热铺沥青混合料

沥青与矿料经加热后拌和，并在一定的温度下完成摊铺和碾压施工过程的混合料。

（2）常温沥青混合料

采用乳化沥青或稀释沥青在常温下（或者加热温度很低）与矿料拌和，并在常温下完成摊铺和碾压过程的混合料。

二、沥青路面用料要求

(一) 一般规定

1. 沥青路面使用的各种材料运至现场后必须取样进行质量检验，经评定合格后方可使用，不得以供应商提供的检测报告或商检报告代替现场检测。

2. 沥青路面集料的选择必须经过认真的料源调查，确定料源应尽可能就地取材。质量符合使用要求，石料开采必须注意环境保护，防止破坏生态平衡。

3. 集料粒径规格以方孔筛为准。不同料源、品种、规格的集料不得混杂堆放。

(二) 道路石油沥青

1. 道路石油沥青各个沥青等级的适用范围。

表 2-1　道路沥青的适用范围

沥青等级	适用范围
A 级沥青	各个等级的公路，适用于任何场合和层次
B 级沥青	1. 高速公路、一级公路沥青下面层次，二级及二级以下公路的各个层次； 2. 用作改性沥青、乳化沥青、改性乳化沥青、稀释沥青的基质沥青
C 级沥青	三级及三级以下公路的各个层次

2. 沥青路面采用的沥青标号，宜按照公路等级、气候条件、交通条件、路面类型及在结构层中的层位及受力特点、施工方法等，结合当地的使用经验，经技术论证后确定。

对高速公路、一级公路，夏季温度高、高温持续时间长、重载交通、山区及丘陵区上坡路段、服务区、停车场等行车速度慢的路段，尤其是汽车荷载剪应力大的层次，宜采用稠度大、黏度大的沥青，也可提高高温气候分区的温度水平选用沥青等级；对冬季寒冷的地区或交通量小的公路、旅游公路宜选用稠度小、低温延度大的沥青；对温度日温差、年温差大的地区宜注意选用针入度指数大的沥青。当高温要求与低温要求发生矛盾时应优先考虑满足高温性能的要求。

当缺乏所需标号的沥青时，可采用不同标号掺配的调和沥青，其掺配比例由试验确定。

（三）乳化石油沥青

1.乳化沥青适用于沥青表面处置、沥青贯入式路面、冷拌沥青混合料路面，修补裂缝，喷洒透层、粘层与封层等。

2.乳化沥青类型根据集料品种及使用条件选择。阳离子乳化沥青可适用于各种集料品种，阴离子乳化沥青适用于碱性石料。乳化沥青的破乳速度、黏度宜根据用途与施工方法选择。

3.制备乳化沥青用的基质沥青，对高速公路和一级公路，宜符合道路石油沥青A、B级沥青的要求，其他情况可采用C级沥青。

4.乳化沥青宜存在立式罐中，并保持适当搅拌。储存期以不离析、不冻结、不破乳为度。

（四）液体石油沥青

1.液体石油沥青适用于透层、粘层及拌制冷拌沥青混合料。根据使用目的与场所，可选用快凝、中凝、慢凝的液体石油沥青，其质量应符合"道路液体石油沥青技术要求"的规定。

2.液体石油沥青宜采用针入度较大的石油沥青，使用前按先加热沥青后加稀释剂的顺序，掺配煤油或轻柴油，经适当的搅拌、稀释制成。掺配比例根据使用要求由试验确定。

3.液体石油沥青在制作、储存、使用的全过程中必须通风良好，并有专人负责，确保安全。基质沥青的加热温度严禁超过140℃，液体沥青的储存温度不得高于50℃。

（五）改性沥青

1.改性沥青可单独或复合采用高分子聚合物、天然沥青及其他改性材料制作。

2.各类聚合物改性沥青的质量应符合"聚合物改性沥青技术要求"的规定，其中PI值可作为选择性指标。当使用"聚合物改性沥青技术要求"表列以外的聚合物及复合改性沥青时，可通过试验研究制订相应的技术要求。

3.制造改性沥青的基质沥青应与改性剂有良好的配伍性，其质量宜符合表A

级或 B 级道路石油沥青的技术要求。供应商在提供改性沥青的质量报告时应提供基质沥青的质量检验报告或沥青样品。

4.天然沥青可以单独与石油沥青混合使用或与其他改性沥青混融后使用。沥青的质量要求宜根据其品种参照相关标准和成功的经验执行。

5.用作改性剂的 SBR 胶乳中的固体物含量宜少于45%，使用中严禁长时间暴晒或遭冰冻。

6.改性沥青的剂量以改性剂占改性沥青总量的百分数计算，胶乳改性沥青的剂量应以扣除水以后的固体物含量计算。

7.改性沥青宜在固定式工厂或在现场设厂集中制作，也可在拌和厂现场边制造边使用，改性沥青的加工温度不宜超过180℃。胶乳类改性剂和制成颗粒的改性剂可直接投入拌和缸中生产改性沥青混合料。

8.用溶剂法生产改性沥青母体时，挥发性溶剂回收后的残留量不得超过5%。

9.现场制造的改性沥青宜随配随用，需作短时间保存，或运送到附近的工地时，使用前必须搅拌均匀，在不发生离析的状态下使用。改性沥青制作设备必须设有随机采集样品的取样口，采集的试样宜立即在现场灌模。

（六）粗集料

1.沥青面层使用的粗集料包括碎石、破碎砾石、筛选砾石、钢渣、矿渣等，但高速公路和一级公路不得使用筛选砾石和矿渣。粗集料必须由具有生产许可证的采石场生产或施工单位自行加工。

2.粗集料应该洁净、干燥、表面粗糙，符合质量要求。当单一规格集料的质量指标达不到要求，而按照集料配合比计算的质量指标符合要求时，工程上允许使用。对受热易变质的集料，宜采用经拌和机烘干后的集料进行检验。

3.沥青混合料用粗集料规格应按"沥青混合料粗集料规格"的规定生产和使用。

4.采石场在生产过程中必须彻底清除覆盖层及泥土夹层。生产碎石用的原石不得含有土块、杂物，集料成品不得堆放在泥土地上。

5.高速公路、一级公路沥青路面的表面层（或磨耗层）的粗集料的磨光值应符合"粗集料与沥青的黏附性、磨光值的技术要求"。除 SMA、OGFC 路面外，允许在硬质粗集料中掺加部分较小粒径的磨光值达不到要求的粗集料，其最大掺加比例由磨光值试验确定。

6. 粗集料与沥青的黏附性土办法应符合"粗集料与沥青的黏附性、磨光值的技术要求",当使用不符合要求的粗集料时,宜掺加消石灰、水泥或用饱和石灰水处理后使用,必要时可同时在沥青中掺加耐热、耐水、长期性能好的抗剥落剂,也可采用掺加改性沥青的措施,使沥青混合料的水稳定性检验达到要求。掺加外加剂的剂量由沥青混合料的水稳定性检验确定。

7. 破碎砾石应采用粒径大于50mm、含泥量不大于1%的砾石轧制,破碎砾石的破碎面应符合"粗集料对破碎面的要求"。

8. 筛选砾石仅适用于三级及三级以下公路的沥青表面处置路面。

9. 经过破碎且存放期超过6个月以上的钢渣可作为粗集料使用。除吸水率允许适当放宽外,各项质量指标应符合"沥青混合料用粗集料质量技术要求"。钢渣在使用前应进行活性检验,要求钢渣中的游离氧化钙含量不大于3%,浸水膨胀率不大于2%。

（七）细集料

1. 沥青面层的细集料可采用天然砂、机制砂、石屑。细集料必须由具有生产许可证的采石场、采砂场生产。

2. 细集料应洁净、干燥、无风化、无杂质,并有适当的颗粒级配,其质量应符合要求。细集料的洁净程度,天然砂以小于0.075mm含量的百分数表示,石屑和机制砂以砂当量（适用于0～4.75mm）或亚甲蓝值（适用于0～2.36mm或0～0.15mm）表示。

3. 天然砂可采用河砂或海砂,通常宜采用粗、中砂,其规格应符合"沥青混合料用天然砂规格"。砂的含泥量超过规定时应水洗后使用,海砂中的贝壳类材料必须筛除。开采天然砂必须取得当地政府主管部门的许可,并符合水利及环境保护的要求。热拌密级配沥青混合料中天然砂的用量通常不宜超过集料总量的20%,SMA和OGFC混合料不宜使用天然砂。

4. 石屑是采石场破碎石料时通过4.75mm或2.36mm的筛下部分,其规格应符合"沥青混合料用机制砂或石屑规格"。采石场在生产石屑的过程中应具备抽吸设备,高速公路和一级公路的沥青混合料,宜将S14与S16组合使用,S15可在沥青稳定碎石基层或其他等级公路中使用。

5. 机制砂宜采用专用的制砂机制造，并选用优质石料生产，其级配应符合 S16 的要求。

（八）填料

1. 沥青混合料的矿粉必须采用石灰岩或岩浆岩中的强基性岩石等憎水性石料经磨细得到的矿粉，原石料中的泥土杂质应除净。矿粉应干燥、洁净，能自由地从矿粉仓流出，其质量应符合沥青混合料用矿粉质量要求。

2. 拌和机的粉尘可作为矿粉的一部分回收使用。但每盘用量不得超过填料总量的 25%，掺有粉尘填料的塑性指数不得大于 4%。

3. 粉煤灰作为填料使用时，用量不得超过填料总量的 50%，粉煤灰的烧失量应小于 12%，与矿粉混合后的塑性指数应小于 4%，其余质量要求与矿粉相同。高速公路、一级公路的沥青面层不宜采用粉煤灰做填料。

（九）纤维稳定剂

1. 在沥青混合料中掺加的纤维稳定剂宜选用木质素纤维、矿物纤维等。木质纤维素的质量应符合表木质素纤维质量技术的要求。

2. 纤维应在 250℃的干拌温度下不变质、不发脆，使用纤维必须符合环保要求，不危害身体健康。纤维必须在混合料拌和过程中能充分分散均匀。

3. 矿物纤维宜采用玄武岩等矿石制造，易影响环境及造成人体伤害的石棉纤维不宜直接使用。

4. 纤维应存放在室内或有棚盖的地方，松散纤维在运输及使用过程中应避免受潮，不结团。

5. 纤维稳定剂的掺加比例以沥青混合料总量的质量百分率计算，通常情况下用于 SMA 路面的木质素纤维不宜低于 0.3%，矿物纤维不宜低于 0.4%，必要时可适当增加纤维用量。纤维掺加量的允许误差不超过 ±5%。

三、沥青路面面层施工

（一）热拌沥青混凝土路面施工工艺

热拌沥青混凝土路面施工工艺如图 2-1 所示。

路桥工程管理与给排水规划设计

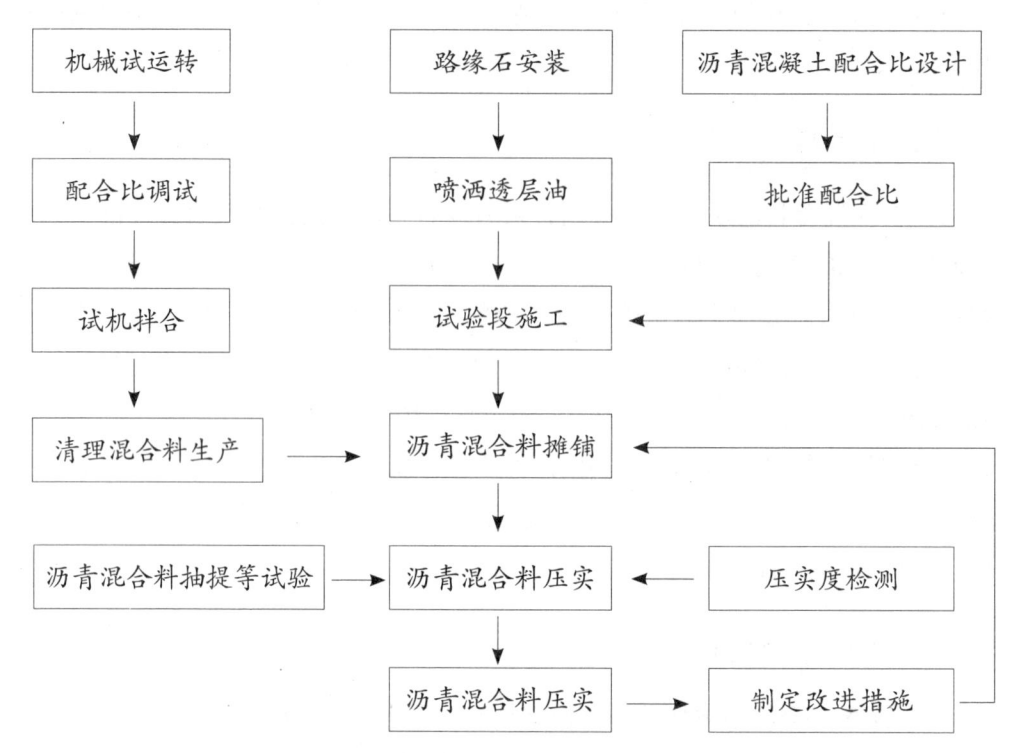

```
机械试运转          路缘石安装          沥青混凝土配合比设计
    ↓                  ↓                      ↓
配合比调试          喷洒透层油             批准配合比
    ↓                  ↓                      ↓
试机拌合     →     试验段施工      ←─────────┘
    ↓                  ↓
清理混合料生产  →   沥青混合料摊铺    ←─────────┐
    ↓                  ↓                         │
沥青混合料抽提等试验 → 沥青混合料压实  ← 压实度检测 │
                       ↓                         │
                   沥青混合料压实   →   制定改进措施
```

图 2-1　热拌沥青混凝土路面施工工艺流程图

原有路面凿除采用人工配合机械进行作业，大面积作业时，采用挖掘机、推土机、装载机等机械配合，小面积的采用空压机带动风镐、电钻的设备进行凿除、在凿除破损路面时，应该注意以下几点。

1. 在凿除前必须经过测量放样，避免盲目施工，而造成成本增加。
2. 在凿除时，尽量避免损坏旁边未损坏的原有路面。
3. 凿除的深度必须符合设计要求。
4. 在施工过程中，必须做好保通措施，避免影响车辆的行驶。
5. 做到工地排水畅通，指定专人负责挖沟、疏导排水等工作。
6. 在低洼地段和工程不良地质路基段尽量避开雨季施工。
7. 雨季施工时，必须做好气象资料的收集与整理。
8. 协调安排施工计划，合理调整雨季施工任务量。

（二）施工准备

选购经调查试验合格的材料进行备料，矿料应分类堆放，矿粉必须是石灰岩磨细而成且不得受潮，必要时做好矿料堆放场地的硬化处理和场地四周排水及搭设矿粉库房或储存罐。

做好配合比设计报送监理工程师审批，对各种原材料进行符合性检验。

在验收合格的基层上恢复中线（底面层施工时），在边线外侧0.3～0.5m处每隔5～10m钉边桩进行水平测量，拉好基准线，画好边线。

对下承层进行清扫，底面层施工前两天在基层上洒透层油，在中底面层上喷洒粘层油。

试验段开工前28d安装好试验仪器和设备，配备好的试验人员报请监理工程师审核。各层开工前14d在监理工程师批准的现场备齐全部机械设备进行试验段铺筑，以确定松铺系数、施工工艺、机械配备、人员组织、压实遍数，并检查压实度、沥青含量、矿料级配、沥青混合料马歇尔各项技术指标等。

（三）沥青混合料的拌和

1. 各种集料分类堆放，每个料源均进行试验，按要求的配合比进行配料。

2. 设置间歇式具有密封性能及除尘设备，并有检测拌和温度装置的沥青混凝土拌和站。

3. 拌和站设试验室，对沥青混凝土的原材料和沥青混合料及时进行检测。

4. 沥青的加热温度控制在规范规定的范围之内，即150℃～170℃。集料的加热温度控制在160℃～180℃；混合料的出厂温度控制在140℃～165℃。当混合料出厂温度过高时应废弃。混合料运至施工现场的温度控制在120℃～150℃。

5. 出厂的混合料须均匀一致，无白花料，无粗细料离析和结块现象，不符合要求时应废弃。

（四）混合料的运输

1. 根据拌和站的产量、运距合理安排运输车辆。

2. 运输车的车厢内保持干净，涂防粘薄膜剂。运输车配备覆盖篷布以防雨和热量损失。

3. 已离析、硬化在运输车箱内的混合料，低于规定铺筑温度或被雨淋的混合料应予以废弃。

（五）混合料的摊铺

1. 根据路面宽度选用1～2台具有自动调节摊铺厚度及找平装置、可加热的振动熨平板，并且运行良好的高密度沥青混凝土摊铺机进行摊铺。

2. 底、中面层采用走线法施工，表面层采用平衡梁法施工。

3. 摊铺机均匀行驶，行走速度和拌和站产量相匹配，以确保所摊铺路面的均匀不间断摊铺。在摊铺过程中不准随意变换速度，尽量避免中途停顿。

4. 沥青混凝土的摊铺温度根据气温变化进行调节。一般正常施工控制在110℃～130℃，不超过165℃，在摊铺过程中随时检查并做好记录。

5. 开铺前将摊铺机的熨平板进行加热至不低于65℃。

6. 采用双机或三机梯进式施工时，相邻两机的间距控制在10～20m。两幅应有5～10cm宽度的重叠。

7. 在摊铺过程中，随时检查摊铺质量，出现离析、边角缺料等现象时人工及时补撒料，换补料。

8. 在摊铺过程中随时检查高程及摊铺厚度，并及时通知操作手。

9. 摊铺机无法作业的地方，在监理工程师同意后采取人工摊铺施工。

（六）混合料的压实

1. 压路机采用2～3台双轮双振压路机及2～3台重量不小于16t胶轮压路机组成。

2. 初压：采用双轮双振压路机静压1～2遍，正常施工情况下，温度应不低于110℃并紧跟摊铺机进行；复压：采用胶轮压路机和双轮双振压路振压等综合碾压4～6遍，碾压温度多控制在80℃～100℃；终压：采用双轮双振压路机静压1～2遍，碾压温度应不低于65℃。边角部分压路机碾压不到的位置，使用小型振动压路机碾压。

3. 碾压顺纵向由低边向高边按规定要求的碾压速率进行。相邻碾压重叠宽度大于30cm。

4. 采用雾状喷水法，以保证沥青混合料碾压过程中不粘轮。

5. 不在新铺筑的路面上进行停机、加水、加油活动，以防各种油料、杂质污染路面。压路机不准停留在已完成但温度尚未冷却至自然气温以下的路面上。

6. 碾压进行中压路机不得中途停留、转向或制动，压路机每次由两端折回的位置呈阶梯形随摊铺机向前推进，使折回处不在同一横断面上，振动压路机在已成型的路面上行驶时应关闭振动。

（七）接缝处理

1. 梯队作业采用热接缝，施工时将已铺混合料部分留下 20～30cm 宽暂不碾压，作为后摊铺部分的高程基准面，后摊铺部分完成立即骑缝碾压，以消除缝迹。

2. 半幅施工不能采用热接缝时，采用人工顺直刨缝或切缝。铺另半幅前必须将边缘清扫干净，并涂修量粘层沥青。摊铺时应重叠在已铺层上 5～10cm，摊铺后人工将混合料清走。碾压时先在已压实路面行走，碾压新铺层 10～15cm，然后压实新铺部分，再伸过已压实路面 10～15cm，充分将接缝压实紧密。

3. 横接缝的处理方法：首先用 3m 直尺检查端部平整度。不符合要求时，垂直于路中线切齐清除。清理干净后在端部涂粘层沥青接着摊铺。摊铺时调整好预留高度，接缝处摊铺层施工结束后再用 3m 直尺检查平整度。横向接缝的碾压先用双轮双振压路机进行横压，碾压时压路机位于已压实的混合料层上伸入新铺层的宽为 15cm，然后每压一遍向新铺混合料方向移动 15～20cm，直至全部在新铺层上为止，再改为纵向碾压。

4. 纵向冷接缝上、下层的缝错开 15cm 以上，横向接缝错开 1m 以上。

（八）检查试验

1. 按施工技术规范要求的频率认真做好各种原材料、施工温度、矿料级配、马歇尔试验、压实度等试验工作。

2. 在施工过程中随时检查铺筑厚度、平整度、宽度、横坡度、高程。

3. 所有检验结果资料报监理工程师审批和申报计量支付。

第三节 中央分隔带及路肩施工技术

一、中央分隔带施工

(一) 中央分隔带的开挖

当路面基层施工完毕后,即可进行中央分隔带的开挖,先挖集水槽后挖纵向盲沟,一般采用人工开挖的方式。开挖的土料不得堆置在已铺好的基层上,以防止污染并应及时运走。沟槽的断面尺寸及结构层端部边坡应符合设计要求,沟底纵坡应符合设计要求,沟底须平整、密实。沟底不得有杂物。

(二) 防水层施工

沟槽开挖完毕并经验收符合设计要求后,即进行防水层施工,可喷涂双层防渗沥青。防渗层沥青要求涂布均匀,厚薄一致,无漏涂现象,涂布范围应是中央分隔带范围内的路基及路面结构层。防水层也可铺设PVC防水板等,PVC防水板铺设时两端应拉紧,不应有褶皱,PVC板材纵横向应搭接,铺完后用铁钉固定。

(三) 纵向碎石盲沟的铺设

1. 碎石盲沟应做到填筑充实、表面平整。
2. 反滤层可用筛选过的中砂、粗砂、砾石等渗水性材料分层填筑,目前高等级公路多采用土工布作为反滤层。
3. 碎石盲沟上铺设土工布,使与回填土隔离,较之砂石料作为反滤层,施工方便,有利于排水并可保持盲沟长期利用。施工时应注意:

(1) 必须平滑无拉伸地铺在碎石盲沟的面层上,不得出现扭曲、折皱、重叠,避免过量拉伸超过其强度和变形的极限而发生破坏和撕裂;

（2）现场施工若发现土工布有破损时，必须立即修补好，并能恢复到原性能时才可使用；

（3）土工布的接长和拼幅需采用平搭接的连接方式，搭接长度不得小于30cm。

（四）埋设横向塑料排水管

1. 路基施工完毕后，即可进行埋设横向塑料排水管的施工。

2. 基槽开挖。根据设计要求，按图纸所示桩号，定出埋设位置。采用人工开挖，或用开沟机挖槽，沟槽应保持直线并垂直于路中心线。沟槽开挖深度及宽度应符合设计要求。沟底坡度应和路面横坡一致。

3. 铺设垫层。垫层采用粒径小的石料，如石屑、瓜子片等，铺设厚度应保持均匀一致，保证垫层顶面具有规定的横坡。

4. 埋设塑料排水管。

埋设要求：一端应插入中央分隔带范围内的纵向排水盲沟位置，另一端应伸出路基边坡外。横向塑料排水管的进口须用土工布包裹，防止碎石堵塞。

接头处理：当塑料管不足一次埋设长度时，需套接。套接时，管口要对齐，并靠紧，接头处用一短套管套紧相邻两根塑料排水管，套管两端需用不透水材料扎紧。

5. 沟槽回填。横向排水管埋设完毕并经验收合格后，方可进行沟槽回填。

（五）缘石安装

1. 路缘石的预制安装或现场浇筑应符合图纸所示的线型和坡度。

2. 路缘石应在路面铺设之前完成。

3. 预制缘石应铺筑设在厚度不小于2cm的砂垫层上，砌筑砂浆的水泥与砂的体积比应为1∶2。

4. 路缘石的施工技术要求如下：

（1）预制缘石的质量应符合规定要求。

（2）安砌稳固，顶面平整，缝宽均匀，勾缝密实，线条直顺，曲线圆滑美观。

（3）槽底基础和后背填料必须夯打密实。

二、路肩施工

（一）土路肩施工

对填方路段来说，采用培路肩的方法施工既经济又简便，土路肩通常随着路面结构层的铺筑，相应地分层培筑，可以先培也可以后培，各有利弊。先培路肩的优点是：已培好的路肩在结构层碾压时起支撑作用，可以减轻或避免结构层侧移影响边缘的厚度和平整度；先培路肩的缺点是：横断面上易形成一个三角区。培土路肩的材料，通常与填筑路堤的材料相同，应在填筑路堤、修整边坡时，将削坡剩余的材料暂存在靠近路肩的边坡上。这样，不仅使用时很方便，而且可避免在铺筑路面的过程中，向路肩运送培路肩的材料可能污染路面。

培土路肩施工方案：

1. 准备下承层：具有经检验合格的底基层面，底基层表面应平整、坚实，规定的宽度、纵坡、路拱、平整度和压实度，标高应满足规范要求，且没有任何松散的材料和软弱反弹的地点；

2. 施工流程：备料→推平→平整→静压→切边→平整→碾压。

3. 施工方法：

（1）备料：选择可以用作底基层的取土场，挖掘机挖装合格的底基层料，自卸运输并卸至路肩区域；堆卸时按自卸汽车的装容量、路肩的松铺方量确定堆卸距离；

（2）推平：推土机(或平地机)沿路肩区域根据松铺厚度均匀推平料堆，使材料摊铺在路肩区域；

（3）平整：平地机按需要的宽度、高度进行平整、翻刮，使材料基本平顺；

（4）静压：压路机沿路肩区域往返静压；

（5）切边：技术人员根据路基中心确定路肩内边缘，人工沿内边缘拉线并撒白灰，平地机根据白灰线切除并翻材料至路肩上；

（6）平整：用平地机按设计横坡、宽度、标高、平整度进行精确平整，使路肩材料达到设计的松铺要求；

（7）碾压：按最佳含水量的要求，用洒水车进存洒水，待可以碾压时用18t压路机沿路肩区域进行初压、复压、终压，使压实度达到规定要求。

路堑段的路肩是开挖出来的，当开挖到设计标高时，路肩部分宜停止开挖，路面部分继续开挖直至路床顶面。开挖路床时，路床两侧与路肩连接处应开挖整齐，既要保证路面宽度又不要多挖，否则超挖部分摊铺的路面得不到计量与支付；开挖时应尽量使路槽的侧壁为垂直面，以减少麻烦或造成浪费。

土路肩填筑的压实度不小于设计值（重型击实），应按照要求进行重型击实试验。填筑好的土路肩表面应平整密实，不积水，肩线直顺，曲线圆滑，无其他堆积物。

（二）硬路肩施工

硬路肩的设计标高常见的有两种情况：一种是硬路肩与车行道连接处标高一致，横坡与沥青混合料的种类也相同时，可将硬路肩视为行车道的展宽，摊铺混合料时可与行车道一起铺筑，硬路肩的质量要求同相同的路面结构。另一种是硬路肩的顶面标高低于相连的行车道，这种情况应先摊铺硬路肩部分，宽度应比要求的宽 5cm 左右，保证与行车道路面有一定的搭接，以免搭不上需人工找补。摊铺行车道表面层时，摊铺机靠硬路肩一侧的端部应使用 45° 的斜挡板，以减少碾压时边缘坍塌或发生较大的侧移，并尽量使边缘顺直、平齐。

第三章 桥梁的组成与类型

第一节 桥梁的组成

桥梁由上部结构、下部结构、支座系统和附属设施四个基本部分组成。

上部结构通常又称为桥跨结构，是在线路中断时跨越障碍的主要承重结构；下部结构包括桥墩、桥台和基础；桥梁附属设施包括桥面系、伸缩缝、桥头搭板和锥形护坡等，桥面系包括桥面铺装（或称行车道铺装）、排水防水系统、栏杆（或防撞栏杆）、灯光照明等。

一、相关尺寸术语

1. 梁式桥净跨径是设计洪水位上相邻两个桥墩（或桥台）之间的净距。对于拱式桥是每孔拱跨两个拱脚截面最低点之间的水平距离。

2. 总跨径是多孔桥梁中各孔净跨径的总和，也称桥梁孔径，它反映了桥下宣泄洪水的能力。

3. 计算跨径对于具有支座的桥梁，是指桥跨结构相邻两个支座中心之间的距离。拱圈（或拱肋）各截面形心点的连线称为拱轴线，计算跨径为拱轴线两端点之间的水平距离。

4. 桥梁全长简称桥长，是桥梁两端两个桥台的侧墙或八字墙后端点之间的距离。对于无桥台的桥梁为桥面系行车道的全长。

5. 桥梁高度简称桥高，是指桥面与低水位之间的高差，或为桥面与桥下线路路面之间的距离。桥高在某种程度上反映了桥梁施工的难易性。

6. 桥下净空高度是设计洪水位或计算通航水位至桥跨结构最下缘之间的距离，以 H 表示，它应保证能安全排洪，并不得小于对该河流通航所规定的净空高度。

7. 建筑高度是桥上行车路面（或轨顶）标高至桥跨结构最下缘之间的距离，它不仅与桥梁结构的体系和跨径的大小有关，而且随行车部分在桥上布置的高度位置而异。公路（或铁路）定线中所确定的桥面（或轨顶）标高，对通航净空顶部标高之差，又称为容许建筑高度。桥梁的建筑高度不得大于其容许建筑高度，否则就不能保证桥下的通航要求。

8. 净矢高是从拱顶截面下缘至相邻两拱脚截面下线最低点之连线的垂直距离；计算矢高是从拱顶截面形心至相邻两拱脚截面形心之连线的垂直距离。

9. 矢跨比是拱桥中拱圈（或拱肋）的计算矢高与计算跨径之比，也称拱矢度，它是反映拱桥受力特性的一个重要指标。

10. 涵洞是用来宣泄路堤下水流的构造物。通常在建造涵洞处路堤不中断。为了区别于桥梁，单孔跨径不到 5m 的结构物，均称为涵洞。

二、桥梁的分类

（一）按桥梁的结构分类

按结构体系划分，有梁式桥、拱桥、刚架桥、悬索桥四种基本体系。其他还有几种由基本体系组合而成的组合体系等。

1. 梁式体系

梁式体系是古老的结构体系。梁作为承重结构是以它的抗弯能力来承受荷载的。梁分简支梁、悬臂梁、固端梁和连续梁等。悬臂梁、固端梁和连续梁都是利用支座上的卸载弯矩去减少跨中弯矩，使梁跨内的内力分配更合理，以同等抗弯能力的构件断面就可建成更大跨径的桥梁。

2. 拱式体系

拱式体系的主要承重结构是拱肋（或拱箱），以承压为主，可采用抗压能力强的圬工材料（石、混凝土与钢筋混凝土）来修建。拱分单铰拱、双铰拱、三铰拱和无铰拱。拱是有推力的结构，对地基要求较高，一般常建于地基良好的地区。混凝土拱桥因铰的构造复杂、不易制作，故一般采用无铰拱体系。无铰拱结构的外部增加了超静定次数，将引起更大的附加内力，为了获得结构合理的受力状态，在拱桥设计中，必须寻求合理的拱轴线形式。

3. 刚架桥

刚架桥是介于梁与拱之间的一种结构体系，它是由受弯的上部梁（或板）结构与承压的下部柱（或墩）整体结合在一起的结构。由于梁与柱的刚性连接，梁因柱的抗弯刚度而起到卸载作用，整个体系是压弯结构，也是有推力的结构。刚架分直腿刚架与斜腿刚架。刚架桥的桥下净空比拱桥大，在同样净空要求下可修建较小的跨径。刚架桥施工较复杂，一般用于跨径不大的城市桥或公路高架桥和立交桥。

4. 悬索桥

悬索桥就是指以悬索为主要承重结构的桥。其主要构造是缆、塔、锚、吊索及桥面，一般还有加劲梁。其受力特征是荷载由吊索传至缆，再传至锚墩，传力途径简捷、明确。悬索桥的特点是构造简单，受力明确；跨径越大，材料转越少、桥的造价越低。悬索桥是大跨桥梁的主要形式，因其主要杆件受拉力，材料利用率最高，更由于近代悬索桥的主缆采用高强钢丝，悬索桥的自重较轻，在刚度满足使用要求的情况下，能充分显示出其优越性，使其比其他形式的桥梁更能经济合理地修建大跨度桥。

5. 组合体系

（1）连续刚构

连续刚构是由梁和刚架相结合的体系，它是预应力混凝土结构采用悬臂施工法而发展起来的一种新体系。

（2）梁、拱组合体系

这类体系中有系杆拱、桁架拱、多跨拱梁结构等。它们利用梁的受弯与拱的承压特点组成联合结构。

（3）斜拉桥

斜拉桥是由承压的增、受拉的索与承弯的梁体组合起来的一种结构体系。梁体用拉索多点拉住，好似多跨弹性支承连续梁，使梁体内弯矩减小，降低了建筑高度；又因栓焊连接与正交异性板的箱形断面构造的应用，使结构充分利用材料的受力特性，从而减小了结构自重，节省了材料。

(二）桥梁的其他分类

1. 按用途划分，有公路桥、铁路桥、公路铁路两用桥、农桥、人行桥、运水桥（渡槽）及其他专用桥梁（如通过管路、电缆等）。

2. 按桥梁全长和跨径的不同，分为特殊大桥、大桥、中桥和小桥。

3. 按主要承重结构所用的材料划分，有圬工桥（包括砖、石、混凝土桥）、钢筋混凝土桥、预应力混凝土桥、钢桥和木桥等。

4. 按跨越障碍的性质，可分为跨河桥、跨线桥（立体交叉）、高架桥和栈桥。

5. 按上部结构的行车道位置，分为上承式桥、下承式桥和中承式桥。

第二节　桥梁的分类

桥梁基础按施工方法可分为扩大基础、桩基础、沉井、地下连续墙等。下面分别介绍各类基础的分类及受力特点。

一、扩大基础

所谓扩大基础，是将墩（台）及上部结构传来的荷载由其直接传递至较浅的支承地基的一种基础形式，一般采用明挖基坑的方法进行施工，故又称为明挖扩大基础或浅基础。

扩大基础按其施工方法分为机械开挖基坑浇筑法、人工开挖基坑浇筑法、土石围堰开挖基坑浇筑法、板桩围堰开挖基坑浇筑法。

扩大基础按其材料性能特点可分为配筋与不配筋的条形基础和单独基础。无筋扩大基础常用的有混凝土基础、片石混凝土基础等，不配筋基础的材料都具有较好的抗压性，但抗拉、抗剪强度不高，设计时必须保证发生在基础内的拉应力或剪应力不超过相应的材料强度设计值。钢筋混凝土扩大基础的抗弯和抗剪性能良好，可在竖向荷载较大、地基承载力不高以及承受水平力和力矩荷载下使用。

扩大基础是由地基反力承担全部上部荷载，将上部荷载通过基础分散至基底面，使之满足地基承载力和变形的要求。扩大基础主要承受压应力，一般用抗压性能好，抗弯拉、抗剪性能较差的材料（如混凝土、毛石、三合土等）建造，适用于地基承载力较好的各类土层，根据土质情况分别采用铁镐、十字镐、挖掘机、爆破等设备与方法开挖。

扩大基础在埋置深度和构造尺寸确定以后，应先根据最不利而且有可能情况下的荷载组合，计算出基底的应力，然后进行基础的合力偏心距、稳定性以及地基的强度（包括持力层、弱下卧层的强度）的验算，需要时还应进行地基变形的验算。

二、桩基础

桩基础是深入土层的柱形结构，其作用是将作用于桩顶以上的结构物传来的荷载传到较深的地基持力层中去。当荷载较大或桩数量较多时，需在桩顶设承台，将所有基桩连接成一个整体共同承担上部结构的荷载。

桩是垂直或微斜埋置于土中的受力杆件，它的横截面尺寸比长度小得多，其所承受的荷载由桩侧土的摩阻力及桩端地层的反力共同承担。

（一）桩的分类

1. 按桩的使用功能分类

（1）竖向抗压桩：主要承受竖向下压荷载（简称竖向荷载）的桩，应进行竖向承载力计算，必要时还需计算桩基沉降，验算软弱下卧层的承载力以及负摩阻力产生的下拉荷载。

（2）竖向抗拔桩：主要承受竖向上拔荷载的桩，应进行桩身强度和抗裂计算以及抗拔承载力验算。

（3）水平受荷桩：主要承受水平荷载的桩，应进行桩身强度和抗裂验算以及水平承载力和位移验算。

（4）复合受荷桩：承受竖向、水平荷载均较大的桩，应按竖向抗压（或抗拔）桩及水平受荷桩的要求进行验算。

2. 按桩承载性能分类

（1）摩擦桩：当软土层很厚，桩端达不到坚硬土层或岩层上时，则桩顶的极限荷载主要靠桩身与周围土层之间的摩擦力来支承，桩尖处土层反力很小，可忽略不计。

（2）端承桩：桩穿过软弱土层，桩端支承在坚硬土层或岩层上时，则桩顶极限荷载主要靠桩尖处坚硬岩土层提供的反力来支承，桩侧摩擦力很小，可以忽略不计。

（3）摩擦端承桩：桩顶的极限荷载由桩侧阻力和桩端阻力共同承担，但主要由桩端阻力承受。

（4）端承摩擦桩：桩顶的极限荷载由桩侧阻力和桩端阻力共同承担，但主要由桩侧阻力承受。

3. 按桩身材料分类

可分为木桩、混凝土桩、钢桩、组合桩等。

4. 按桩径大小分类

小桩：桩径 $d \leqslant 250mm$。

中等直径桩：$250mm < d < 800mm$。

大直径桩：桩径 $d \geqslant 800mm$。因为桩径大且桩端还可以扩大，因此，单桩承载力较高。此类桩除大直径钢管桩外，多数为钻、冲、挖矜灌注桩，近年来的发展较快，应用范围逐渐增大，并可实现柱下单桩的结构形式。

5. 按施工方法分类

可分为沉桩、钻孔灌注桩、挖孔桩，其中沉桩又分为锤击沉桩法、振动沉桩法、射水沉桩法、静力压桩法。

（1）沉桩：锤击沉桩法一般适用于松散、中密砂土、黏性土，桩锤有坠锤、单动汽锤、双动汽锤、柴油机锤、液压锤等，根据土质情况选用适用的桩锤；振动沉桩法一般适用于砂土、硬塑及软塑的黏性土和中密及较松的碎石土；射水沉桩法适用在密实砂土、碎石土的土层中，用锤击法或振动法沉桩有困难时，可用射水法配合进行；静力压桩法在标准贯入度 $N < 20$ 的软黏土中，可用特制的液压机或机力千斤顶或卷扬机等设备沉入各种类型的桩；钻孔埋置桩为钻孔后，将预制的钢筋混凝土圆形有底空心桩埋入，并在桩周压注水泥砂浆固结而成，适用于在黏性土、砂土、碎石土中埋置大量的大直径圆桩。

（2）钻孔灌注桩适用于黏性土、砂土、砾卵石、碎石、岩石等各类土层。

（3）挖孔灌注桩适用于无地下水或少量地下水，且较密实的土层或风化岩层，如空气污染物超标，必须采取通风措施。

（二）桩基础的受力计算

基桩的计算，可按下列规定进行。

1. 承台底面以上的竖直荷载假定全部由基桩承受。

2. 桥台土压力可按填土前的原地面起算。当基桩上部位于内摩擦角小于20°的软土中时，应验算桩因该层土施加于基桩的水平力所产生的挠曲。

3. 在一般情况下，桩基不需进行抗倾覆和抗滑动的验算；但在特殊情况下，应验算桩基向前移动或被剪断的可能性。

4. 在软土层较厚，持力层较好的地基中，桩基计算应考虑路基填土荷载或地下水位下降所引起的负摩阻力的影响。

三、沉井

沉井基础是一种断面和刚度均比桩要大得多的井筒状结构，是依靠在井内挖土，借助井体自重及其他辅助措施而逐步下沉至预定设计标高，最终形成的一种结构深基础形式。沉井基础施工时占地面积小，坑壁不需设临时支撑和防水围堰或板桩围护，与大开挖相比较，挖土量少，对邻近建筑物的影响比较小，操作简便，无须特殊的专业设备。

当桥梁结构上部荷载较大，而表层地基土的容许承载力不足，但在一定深度下有好的持力层，扩大基础开挖工作量大，施工围堰支撑有困难，或采用桩基础受水文地质条件限制时，采用沉井基础与其他深基础相比，经济上较为合理。

沉井是桥梁墩台常用的一种深基础形式，有较大的承载面积，可以穿过不同深度覆盖层，将基底放置在承载力较大的土层或岩面上，能承受较大的上部荷载。

沉井基础刚度大，有较大的横向抗力，抗震性能可靠，尤其适用于竖向和横向承载力大的深基础。

沉井基础按其制造情况可分为就地浇筑下沉沉井、浮式沉井；按其横截面形状分为圆形、矩形、椭圆形、圆端形、多边形及多孔井字形沉井等；按其竖向剖面形状可分为柱形、锥形、阶梯形沉井等；按材料可分为混凝土、钢筋混凝土、钢、砖、石、木沉井等。

四、地下连续墙

地下连续墙是采用膨润土泥浆护壁，用专用设备开挖出一条具有一定宽度与深度的沟槽，在槽内设置钢筋笼，采用导管法在泥浆中浇筑混凝土，筑成一单元墙段，依次顺序施工，以某种接头方法连接成的一道连续的地下钢筋混凝土墙。

地下连续墙具有多功能性，可适用于各种用途，通常可作为基坑开挖时防渗、挡土，或挡水围堰，或邻近建筑物基础的支护，或直接作为承受上部荷载的基础结构。地下连续墙可用于除岩溶和地下承压水很高处的其他各类土层中施工。

地下挡土墙墙体刚度大，主要承受竖向和侧向荷载，通常既要作为永久性结构的一部分，又要作为地下工程施工过程中的防护结构，因此，设计时应计算在施工期间及使用各个阶段，各种支承条件下的墙体内力。作用在墙体上的荷载、除自重外，主要有水压力、土压力、地震力以及上部荷载、施工荷载等。

地下连续墙分类如下：

按成墙方式可分为桩排式、壁板式、组合式。

按墙的用途可分为临时挡土墙、用作主结构一部分兼作临时挡土墙的地下连续墙、用作多边形基础兼作墙体的地下连续墙。

按挖槽方式大致可分为抓斗式、冲击式、回转式。

第三节　桥梁的施工技术

一、钢筋和混凝土施工

（一）钢筋施工

1. 一般规定

钢筋应具有出厂质量证明书和试验报告单，进场时除应检查其外观和标志外，还应按不同的钢种、等级、牌号、规格及生产厂家分批抽取试样进行力学性能检验，检验试验方法应符合现行国家标准的规定。钢筋经进场检验合格后方可使用。钢筋在运输过程中应避免锈蚀、污染或被压弯；在工地存放时，应按不同品种、规格，分批分别堆置整齐，不得混杂，并应设立识别标志，存放的时间不宜超过6个月。

钢筋的级别、种类和直径应按设计规定采用，当需要代换时，应得到设计人员的书面认可。预制构件的吊环，必须采用未经冷拉的热轧光圆钢筋制作，且其使用时的计算拉应力应不大于50MPa。

2. 普通钢筋的加工制作

（1）钢筋的表面应洁净，使用前应将表面油渍、漆皮、鳞锈等清除干净，钢筋外表有严重锈蚀、麻坑、裂纹夹砂和夹层等缺陷时应予剔除，不得使用。钢筋应平直，无局部弯折，成盘的钢筋和弯曲的钢筋均应调直才能使用。

（2）箍筋的末端应做弯钩，弯钩的弯曲直径应大于被箍受力主钢筋的直径，且HPB300级钢筋应不小于箍筋直径的2.5倍，HRB335级钢筋应不小于箍筋直径的4倍。弯钩平直部分的长度，一般结构不宜少于箍筋直径的5倍，有抗震要求的结构，不应小于箍筋直径的10倍。

（3）钢筋的连接宜采用焊接接头或机械连接接头。绑扎接头仅当钢筋构造复杂施工困难时方可采用，绑扎接头的钢筋直径不宜大于28mm，对轴心受压和偏心受压构件中的受压钢筋可不大于32mm；轴心受拉和小偏心受拉构件不应采用绑扎接头。

（4）钢筋的纵向焊接应采用闪光对焊。当缺乏闪光对焊条件时，可采用电弧焊、电渣压力焊、气压焊。

（5）钢筋焊接前，必须根据施工条件进行试焊，合格后方可正式施焊。焊工必须持考试合格证上岗。

（6）钢筋接头采用搭接电弧焊时，两钢筋搭接端部应预先折向一侧，使两接合钢筋轴线一致。接头双面焊缝的长度不应小于5d，单面焊缝的长度不应小于10d。

（7）钢筋接头采用帮条电弧焊时，帮条应采用与主筋同级别的钢筋，其总截面面积不应小于被焊钢筋的截面积。帮条长度，如用双面焊缝不应小于5d，如用单面焊缝不应小于10d。

（8）受力钢筋焊接或绑扎接头应设置在内力较小处，并错开布置，对于绑扎接头，两接头间距离不小于1.3倍搭接长度。对于焊接接头，在接头长度区段内，同一根钢筋不得有两个接头。

（9）电弧焊接和绑扎接头与钢筋弯曲处的距离不应小于10倍钢筋直径，也不宜位于构件的最大弯矩处。

（10）焊接时，对施焊场地应有适当的防风、雨、雪、严寒设施。低于–20℃时，不得施焊。

（11）带肋钢筋套筒挤压接头（以下简称折压接头）适用直径为16～40mm的HRB335、HRB400牌号带肋钢筋的径向挤压连接。用于挤压连接的钢筋应符合现行国家标准的要求。

（12）钢筋骨架的焊接拼装应在坚固的工作台上进行，操作时应符合下列要求：

①拼装时应按设计图纸放大样，放样时应考虑焊接变形和预留拱度。

②钢筋拼装前，对有焊接接头的钢筋应检查每根接头是否符合焊接要求。

③拼装时，在需要焊接的位置用楔形卡卡住，防止电焊时局部变形。待所有焊接点卡好后，先在焊缝两端点焊定位，然后进行焊缝施焊。

④骨架焊接时，不同直径钢筋的中心线应在同一平面上。为此，较小直径的钢筋在焊接时，下面宜垫以厚度适当的钢板。

⑤施焊顺序宜由中到边对称地向两端进行，先焊骨架下部，后焊骨架上部。相邻的焊缝采用分区对称跳焊，不得顺方向一次焊成。

（13）钢筋安设、支承及固定要求

①所有钢筋应准确安设，当浇筑混凝土时，用支承将钢筋牢固地固定。钢筋应可靠地系紧在一起，不允许在浇筑混凝土时安设或插入钢筋。

②桥面板钢筋的所有交叉点均应绑扎，以避免在浇混凝土时钢筋移位。但两个方向的钢筋中距均不小于300mm时，则可隔一个交叉点进行绑扎。

③用于保证钢筋固定于正确位置的预制混凝土垫块，其形状大小应为监理工程师所接受，同时，其设计应避免混凝土垫块在浇筑混凝土时倾倒。垫块混凝土的骨料粒径不得大于10mm，其强度应与相邻的混凝土强度一致。用1.3mm直径的退火软铁丝预埋于垫块内以便与钢筋绑扎。不得用卵石、碎石或碎砖、金属管及木块作为钢筋的垫块。

④钢筋的垫块间距在纵横向均不得大于1.2m。桥面板混凝土的钢筋安设按照图纸要求，在竖向不应有大于±5mm的偏差。

⑤任何构件内的钢筋，在浇筑混凝土以前，须经监理工程师检查认可。否则，浇筑的混凝土将不予验收。

⑥钢筋网片间或钢筋网格间，应相互搭接使之保持强度均匀，且应在端部及边缘牢固地连接。其边缘搭接长度应不小于一个网眼。

（14）钢筋机械连接接头（简称机械接头）要求

接头用设备及产品应备有符合规范要求的、经监理工程师认可的、具有法人资格的质量检验单位签具的质量检验合格证。监理工程师可以要求承包人提供采用钢筋机械接头形式检验报告和必要的工地试验报告。

3. 预应力钢筋的加工制作

（1）预应力混凝土结构所采用的钢丝、钢绞线和热处理钢筋等的质量，应符合现行国家标准的规定。

（2）预应力筋进场时应分批验收，验收时，除应对其质量证明书、包装、标志和规格等进行检查外，尚须按下列规定进行检查。

①钢丝：钢丝分批检验时每批应不大于60t，检验时应先从每批中抽查5%且不少于5盘，进行表面质量检查。如检查不合格，则应对该批钢丝逐盘检查。在每盘钢丝的两端取样进行抗拉强度、弯曲和伸长率的检验。

②钢绞线：钢绞线分批检验时每批应不大于 60t，检验时应从每批钢绞线中任取 3 盘，并从每盘所选的钢绞线端部正常部位截取一组试样进行表面质量、直径偏差和力学性能试验。

③螺纹钢筋：螺纹钢筋分批检验时每批应不大于 100t，对表面质量应逐根目视检查，外观检查合格后在每批中任选两根钢筋截取试件进行拉伸试验。

（3）预应力筋的实际强度不得低于现行国家标准的规定。预应力筋的试验方法应按现行国家标准的规定执行。用作拉伸试验的试件，不允许进行任何形式的加工。在对预应力筋进行拉伸试验中，应同时测定其弹性模量。

（4）预应力筋锚具、夹具和连接器应具有可靠的锚固性能、足够的承载能力和良好的使用性，能保证充分发挥预应力筋的强度，安全地实现预应力张拉作业。

（5）预应力筋锚具应按设计要求采用。锚具应满足分级张拉、补张以及放松预应力的要求。用于后张结构时，锚具或其附件上宜设置压浆孔或排气孔，压浆孔应有足够的截面面积，以保证浆液的畅通。

（6）夹具应具有良好的自锚性能、松锚性能和重复使用性能。需敲击才能松开的夹具，必须保证其对预应力筋的锚固没有影响，且对操作人员的安全不造成威胁。

（7）用于后张法的连接器，必须符合锚具的性能要求；用于先张法的连接器，必须符合夹具的性能要求。

（8）锚具、夹具和连接器进场时，除应按出厂合格证和质量证明书核查锚固性能类别、型号、规格及数量外，还应按下列规定进行验收。

①外观检查：应从每批中抽取 2% 的锚具且不少于 10 套，检查其外观和尺寸。如有一套表面有裂纹或超过产品标准及设计图纸规定尺寸的允许偏差，则应另取双倍数量的锚具重做检查，如仍有一套不符合要求，则应逐套检查，合格者方可使用。

②硬度检验：应从每批中抽取 3% 的锚具且不少于 5 套，对其中有硬度要求的零件做硬度试验，对多孔夹片式锚具的夹片，每套至少抽取 6 片。每个零件测试 3 点，其硬度应在设计要求范围内，如有一个零件不合格，则应另取双倍数量的零件重做试验，如仍有一个零件不合格，则应逐个检查，合格者方可使用。

③静载锚固性能试验：应在外观检查和硬度检验均合格的同批产品中抽取样

品，与相应规格和强度等级的预应力筋组成3个预应力筋-锚具组装件。进行静载锚固性能试验，如有一个试件不符合要求，则应另取双倍数量的锚具（夹具或连接器）重做试验，如仍有一个试件不符合要求，则该批锚具（夹具或连接器）为不合格品。

（9）对用于其他桥梁的锚具（夹具或连接器）进场验收，其静载锚固性能可由锚具生产厂提供试验报告。

（10）预应力筋锚具、夹具和连接器验收批的划分：在同种材料和同一生产工艺条件下，锚具、夹具应以不超过2 000套组为一个验收批；连接器以不超过500套组为一个验收批。

（11）预应力筋的下料长度应通过计算确定，计算时应考虑结构的孔道长度或台座长度、锚夹具厚度、千斤顶长度、焊接接头或彻头预留量、冷拉伸长值、弹性回缩值、张拉伸长值和外露长度等因素。

（12）预应力筋的下料，应采用切断机或砂轮锯切断，严禁采用电弧切割。

（13）高强钢丝的镦头宜采用液压冷镦，镦头前应确认钢丝的可镦性，钢丝镦头的强度不得低于钢丝强度标准值的98%。

（14）预应力筋由多根钢丝或钢绞线组成时，同束内应采用强度相等的预应力钢材。编束时，应逐根理顺，绑扎牢固，防止互相缠绕。

（二）混凝土施工

1. 一般规定

（1）在进行混凝土强度试配和质量评定时，混凝土的抗压强度应以边长为150mm的立方体尺寸标准试件测定。试件以同龄期者三块为一组，并以同等条件制作和养护，每组试件的抗压强度应以三个试件测值的算术平均值为测定值，如有一个测值与中间值的差值超过中间值的15%时，则取中间值为测定值；如有两个测值与中间值的差值均超过15%时，则该组试件无效。

（2）混凝土抗压强度应为标准方式成型的试件，置于标准养护条件下（温度为20±2℃及相对湿度不低于95%）养护28d所测得的抗压强度值（MPa）进行评定。采用蒸汽养护的混凝土抗压强度，试件应先随构件同条件蒸汽养护，再转入标准条件下养护，累计养护时间应为28d。当混凝土中掺用粉煤灰等矿物掺合料时，确定混凝土抗压强度时的龄期应符合设计规定。

2. 混凝土的配合比

（1）混凝土的配合比，应以质量比计，并应通过设计和试配选定。试配时应使用施工实际采用的材料，配制的混凝土拌和物应满足和易性、凝结速度等施工技术条件，制成的混凝土应符合强度、耐久性（抗冻、抗渗、抗侵蚀）等质量要求。

（2）配制混凝土时，应根据结构情况和施工条件确定混凝土拌和物的坍落度，当工程需要获得较大的坍落度时，可在不改变混凝土的水灰比，不影响混凝土质量的情况下，适当掺加外加剂。

（3）混凝土外加剂用的品种应根据设计和施工要求选择，应采用减水率高、坍落度损失小、能明显改善混凝土性能的质量稳定产品。工程使用的外加剂与水泥、矿物掺合料之间应有良好的相容性。所采用的外加剂，应对人员、环境无毒副作用，钢筋混凝土结构的混凝土中掺入外加剂还应满足：

①在钢筋混凝土和预应力混凝土中，均不得掺用氯化钙、氯化钠等氯盐。当从各种组成材料引入的氯离子含量（折合氯盐含量）大于限值时，宜在混凝土中采取掺加阻锈剂、增加保护层厚度、提高密实度等防腐蚀措施。

②掺引气剂或引气减水剂混凝土的含气量宜为 3.5%～5.5%。

③宜用卧式、行星式或逆流式搅拌机搅拌，搅拌时间宜控制在 3～5min。

④凝结时间应适应混凝土的运输和浇筑需要。

⑤外加剂应存放在专用仓库或固定的场所妥善保管，不同品种外加剂应有标记，分别储存。粉状外加剂在运输和储存过程中应注意防水防潮。严禁使用已结硬、结团的外加剂用于混凝土工程中。

（4）通过设计和试配确定配合比后，应填写试配报告单，提交施工监理工程师或有关方面批准。混凝土配合比使用过程中，应根据混凝土质量的动态信息，及时进行调整、报批。通过设计和试配确定的配合比，应经批准后方可使用，且应在混凝土拌制前将理论配合比换算为施工配合比。

3. 混凝土的拌制与运输

（1）拌制混凝土配料时，各种衡器应保持准确。对骨料的含水率应经常进行检测，雨天施工应增加测定次数，据以调整骨料和水的用量。放入拌和机内的第一盘混凝土材料应含有适量的水泥、砂和水，以覆盖拌和筒的内壁而不降低拌和物所需的含浆量。每一工作班正式称量前，应对计量设备进行重点校核。计量器具应定期检定，经大修、中修或迁移至新的地点后，也应进行检定。

（2）对于在施工现场集中搅拌的混凝土，应检查混凝土拌和物的均匀性。

①混凝土拌和物应拌和均匀，颜色一致，不得有离析和泌水现象。

②检查混凝土拌和物均匀性时，应在搅拌机的卸料过程中，从卸料流的 1/4～3/4 之间部位采取试样，进行试验，其检测结果应符合下列规定：

混凝土中砂浆密度两次测值的相对误差不应大于 0.8%；

单位体积混凝土中粗料含量两次测值的相对误差不应大于 5%。

（3）混凝土搅拌完毕后，应按下列要求检测和物的各项性能：

混凝土拌和物的坍落度，应在搅拌地点和浇筑地点分别取样检测，每一工作班或每一单元结构物不应少于 2 次。评定时应以浇筑地点的测值为准。如混凝土拌和物从搅拌机出料起至浇筑入模的时间不超过或 15min 时，其坍落度可仅在搅拌地点取样检测。在检测坍落度时，还应观察混凝土拌和物的粘聚性和保水性。

（4）混凝土的运输能力应适应混凝土凝结速度和浇筑速度的需要，使浇筑工作不间断，并使混凝土运到浇筑地点时仍保持均匀性和规定的坍落度。

（5）采用泵送混凝土应符合下列规定：

①泵送混凝土应选用硅酸盐水泥、普通硅酸盐水泥，不宜使用火山灰质硅酸盐水泥。

②粗集料宜采用连续级配，其针片状颗粒不宜大于 10%；细集料宜采用中砂且含有较多通过 0.3mm 筛孔的颗粒。

③泵送混凝土中应掺入泵送剂或减水剂，并宜掺入质量符合国家现行有关标准的粉煤灰或其他活性矿物掺合料。

④泵送混凝土试配时要求的坍落度值应为：入泵时的坍落度值加从拌和站至入泵前的预计经时损失值。

⑤用水量与胶凝材料总量(水泥 + 矿物掺合料)之比不宜大于 0.6；最小水泥用量宜为 280～300kg/m^3(输送管径 100～150mm)。

⑥泵送混凝土的砂率宜为 35%～45%；当掺用外加剂时，其混凝土含气量不宜大于 4%。

⑦当掺用掺合料较多时，除应满足强度要求外，还应进行钢筋锈蚀及混凝土碳化试验。

（6）用搅拌运输车运输已拌成的混凝土时，途中应以 2～4 转/min 的慢速进行搅动，混凝土的装载量约为搅拌筒几何容量的2/3。

（7）混凝土运至浇筑地点后发生离析、严重泌水或坍落度不符合要求时，应进行第二次搅拌。二次搅拌时不得任意加水，确有必要时，可同时加入相应的胶凝材料和外加剂并保持其原水胶比不变；二次搅拌仍不符合要求，则不得使用。

4. 混凝土的浇筑

（1）浇筑混凝土前，应对支架、模板、钢筋和预埋件进行检查，并做好记录，符合设计要求后方可浇筑。模板内的杂物、积水和钢筋上的污垢应清理干净。模板如有缝隙，应填塞严密，模板内面应涂刷隔离剂。浇筑混凝土前，应检查混凝土的均匀性和坍落度。

（2）自高处向模板内倾卸混凝土时，为防止混凝土离析，应符合下列规定：

①从高处直接倾卸时，其自由倾落高度不宜超过2m，以不发生离析为度。

②当倾落高度超过2m时，应通过串筒、溜管或振动溜管等设施下落；倾落高度超过10m时，应设置减速装置。

③在串筒出料口下面，混凝土堆积高度不宜超过1m。严禁用振动棒分摊混凝土。

（3）混凝土应按一定厚度、顺序和方向分层浇筑，应在下层混凝土初凝或能重塑前浇筑完成上层混凝土。上下层同时浇筑时，上层与下层前后浇筑距离应保持1.5m以上。在倾斜面上浇筑混凝土时，应从低处开始逐层扩展升高，保持水平分层。

（4）浇筑混凝土时，除少量塑性混凝土可用人工捣实外，宜采用振动器振实。用振动器振捣时，应符合下列规定：

①使用插入式振动器时，移动间距不应超过振动器作用半径的1.5倍；与侧模应保持50～100mm的距离；插入下层混凝土50～100mm；每一处振动完毕后应边振动边徐徐提出振动棒；应避免振动棒碰撞模板、钢筋及其他预埋件。

②表面振动器的移位间距，应以使振动器平板能覆盖已振实部分100mm左右为宜。

③附着式振动器的布置距离，应根据构造物形状及振动器性能等情况并通过试验确定。

④对每一振动部位，必须振动到该部位混凝土密实为止。密实的标志是混凝土停止下沉，不再冒出气泡，表面呈现平坦、泛浆。

（5）混凝土的浇筑应连续进行，如因故必须间断时，其间断时间应小于前层混凝土的初凝时间或能重塑的时间。

（6）施工缝的位置应在混凝土浇筑之前确定，宜留置在结构受剪力和弯矩较小且便于施工的部位，施工缝宜设置成水平面或垂直面，并应按下列要求进行处理：

①应凿除处理层混凝土表面的水泥砂浆和松弱层，但凿除时，处理层混凝土须达到下列强度：

A. 用水冲洗凿毛时，须达到 0.5MPa；

B. 用人工凿除时，须达到 2.5MPa；

C. 用风动机凿毛时，须达到 10MPa。

②经凿毛处理的混凝土面，应用水冲洗干净，在浇筑次层混凝土前，对垂直施工缝宜刷一层水泥净浆，对水平缝宜铺一层厚为 10～20mm 的 1：2 的水泥砂浆。

③重要部位及有防震要求的混凝土结构或钢筋稀疏的钢筋混凝土结构，应在施工缝处补插锚固钢筋或石榫；有抗渗要求的施工缝宜做成凹形、凸形或设置止水带。

④施工缝为斜面时应浇筑成或凿成台阶状。

⑤施工缝处理后，须待处理层混凝土达到一定强度后才能继续浇筑混凝土。需要达到的强度，一般最低为 1.2MPa，当结构物为钢筋混凝土时，不得低于 2.5MPa。混凝土达到上述抗压强度的时间宜通过试验确定。

（7）在浇筑过程中或浇筑完成时，如混凝土表面泌水较多，须在不扰动已浇筑混凝土的条件下，采取措施将水排除。继续浇筑混凝土时，应查明原因，采取措施，减少泌水。

（8）结构混凝土浇筑完成后，对混凝土裸露面应及时进行修整、抹平，待定浆后再抹第二遍并压光或拉毛。当裸露面面积较大或气候不良时，应加盖防护，但在开始养护前，覆盖物不得接触混凝土面。

（9）浇筑混凝土期间，应设专人检查支架、模板、钢筋和预埋件等稳固情况，当发现有松动、变形、移位时，应及时处理。

（10）浇筑混凝土时，应填写混凝土施工记录。

（11）采用滑升模板浇筑墩台混凝土时，应符合下列规定：

①宜采用低流动度或半干硬性混凝土。

②浇筑应分层分段进行，各段应浇筑到距模板上口不小于 10～150mm 的位置为止。若为排柱式墩台，各立柱应保持进度一致。

③应采用插入式振动器振捣。

④为加速模板提升，可掺入一定数量的早强剂。

⑤在滑升中须防止千斤顶或油管接头在混凝土或钢筋处漏油。

⑥每一整体结构的浇筑应连续进行，若因故中途停工，应按施工缝处理。

⑦混凝土脱模时的强度宜为 0.2～0.5MPa，脱模后如表面有缺陷时，应及时予以修补。

5. 混凝土的养护及修饰

（1）混凝土的养护要求

①对于在施工现场集中养护的混凝土，应根据施工对象、环境、水泥品种、外加剂以及对混凝土性能的要求，提出具体的养护方案，并应严格执行规定的养护制度。

②一般混凝土浇筑完成后.应在收浆后尽快予以覆盖和洒水养护。对干硬性混凝土、炎热天气浇筑的混凝土以及桥面等大面积裸露的混凝土，有条件的可在浇筑完成后立即加设棚罩，待收浆后再予以覆盖和洒水养护。覆盖时不得损伤或污染混凝土的表面。混凝土面有模板覆盖时，应在养护期间经常使模板保持湿润。

③当气温低于 5℃时，应覆盖保温，不得向混凝土面上洒水。

④混凝土养护用水的条件与拌和用水相同。

⑤混凝土的洒水养护时间一般为 7d，可根据空气的湿度、温度和水泥品种及掺用的外加剂等情况，酌情延长或缩短。每天洒水次数以能保持混凝土表面经常处于湿润状态为度。用加压成型、真空吸水等方法施工的混凝土，其养护时间可酌情缩短。采用塑料薄膜或喷化学浆液等养护层时，可不洒水养护。

⑥当结构物混凝土与流动性的地表水或地下水接触时，应采取防水措施，保证混凝土在浇筑后 7d 以内不受水的冲刷侵袭。当环境水具有侵蚀作用时，应保证混凝土在 10d 以内，且强度达到设计强度的 7% 以前，不受水的侵袭。当与氯盐、海水等具有严重侵蚀作用的环境水接触的混凝土，养护龄期一般不宜少于 4 周。在有冻融循环作用的环境时，宜在结冰期到来 4 周前完工。

⑦对人体积混凝土的养护，应根据气候条件采取控温措施，并按需要测定浇筑后的混凝土表面和内部温度，将温差控制在设计要求的范围内，当设计无要求时，温差不宜超过25℃。

⑧混凝土强度达到2.5MPa前，不得使其承受行人、运输工具、模板、支架及脚手架等荷载。

（2）混凝土的修饰

①混凝土表面的光洁程度依不同部位而异，外露面无装饰设计时，对浇筑时无模板的外露面进行压光或拉毛；对有模板的外露面应安装同一类别的模板和涂刷同一类别的隔离剂，模板应光洁，无变形、无漏浆。发现表面质量有缺陷时，应报有关部门批准后再进行修饰。

②对表面有一般抹灰（水泥砂浆抹面）和装饰抹灰（水刷石、水磨石、剁斧石）等装饰设计的结构，应在浇筑混凝土时采用表面平整的模板，拆模后按设计要求的装饰类别进行装饰。

6.大体积混凝土施工

（1）大体积混凝土在选用原材料和进行配合比设计时，应按照降低水化热温升的原则进行，并应符合下列规定：

①宜选用低水化热和凝结时间长的水泥品种。粗集料宜采用连续级配，细集料宜采用中砂。宜掺用可降低混凝土早期水化热的外加剂和矿物掺合料，外加剂宜采用缓凝剂、减水剂；掺合料宜采用粉煤灰、矿渣粉等。

②进行配合比设计时，在保证混凝土强度、和易性及坍落度要求的前提下，宜采取改善粗集料级配、提高掺合料和粗集料的含量、降低水胶比等措施，减少单方混凝土的水泥用量。

③大体积混凝土进行配合比设计及质量评定时，可按60d龄期的抗压强度控制。

（2）大体积混凝土的施工应提前制订专项施工技术方案，并应对混凝土采取温度控制措施。大体积混凝土的浇筑、养护和温度控制应符合下列规定：

①施工前应根据原材料、配合比、环境条件、施工方案和施工工艺等因素，进行温控设计和温控监测设计，并应在浇筑后按该设计要求对混凝土内部和表面的温度实施监测和控制。对大体积混凝土进行温度控制时，应使其内部最高温度不大于75℃，混凝土内部和表面温差不大于25℃。

②大体积混凝土可分层、分块浇筑，分层、分块的尺寸宜根据温控设计的要求及浇筑能力合理确定；当结构尺寸相对较小或能满足温控要求时，可全断面一次浇筑。

③分层浇筑时，在上层混凝土浇筑之前应对下层混凝土的顶面做凿毛处理，且新浇混凝土与下层已浇筑混凝土的温差宜小于20℃，并应采取措施将各层间的浇筑间歇期控制在7d以内。

④分块浇筑时，块与块之间的竖向接缝面应平行于结构物的短边，并应在浇筑完成拆模后按施工缝的要求进行凿毛处理。分块施工所形成的后浇段，应在对大体积混凝土实施温度控制且其温度场趋于稳定后方可浇筑；后浇段宜采用微膨胀混凝土，并应一次浇筑完成。

⑤大体积混凝土的浇筑宜在气温较低时进行，但混凝土的入模温度应不低于5℃；热期施工时，宜采取措施降低混凝土的入模温度，且其入模温度不宜高于28℃。

⑥大体积混凝土的温度控制宜按照"内降外保"的原则，对混凝土内部采取设置冷却水管通循环水冷却，对混凝土外部采取覆盖蓄热或蓄水保温等措施进行。在混凝土内部通水降温时，进出口水的温差宜小于或等于10℃，且水温与内部混凝土的温差宜不大于20℃，降温速率宜不大于2℃/d；利用冷却水管中排出的降温用水在混凝土顶面蓄水保温养护时，养护水温度与混凝土表面温度的差值应不大于15℃。

⑦大体积混凝土采用硅酸盐水泥或普通硅酸盐水泥时，其浇筑后的养护时间不宜少于14d，采用其他品种水泥时不宜少于21d。在寒冷天气或遇气温骤降天气时浇筑的混凝土，除应对其外部加强覆盖保温外，还应适当延长养护时间。

7. 高强度混凝土、高性能混凝土

（1）高强度混凝土

①高强度混凝土水泥宜选用强度等级不低于52.5的硅酸盐水泥和普通硅酸盐水泥，不得使用立窑水泥。

②高强度混凝土的配合比应有利于减少温度收缩、干燥收缩和自身收缩引起的体积变形，避免早期开裂，高强度混凝土的水泥用量不宜大于500kg/m³，胶凝材料总量不宜大于600kg/m³。

③高强度混凝土的设计配合比确定后，还应采用该配合比进行不少于6次的

重复试验进行验证，其平均值应不低于配制强度。

④高强度混凝土的施工应采用强制式搅拌机拌制，不得采用自落式搅拌机搅拌。搅拌混凝土时高效减水剂宜采用后掺法，且宜制成溶液后再加入，并应在混凝土用水量中扣除溶液用水量。加入减水剂后，混凝土拌和料在搅拌机中继续搅拌的时间不宜少于30s。

（2）高性能混凝土

①配制高性能混凝土时，应选用优质水泥和级配良好的优质集料，同时应掺加与水泥相匹配的高效减水剂及优质矿物掺合料。

②高性能混凝土水泥宜选用品质稳定、标准稠度低、强度等级不低于42.5的硅酸盐水泥或普通硅酸盐水泥，不宜采用矿渣硅酸盐水泥、火山灰质硅酸盐水泥及粉煤灰硅酸盐水泥。外加剂应选用高效减水剂或复合减水剂，并应选择减水率高、坍落度损失小、与水泥之间具有良好的相容性、能明显改善或提高混凝土耐久性能且质量稳定的产品；引气剂或引气型外加剂应有良好的气泡稳定性，用于提高混凝土抗冻性的引气剂、减水剂和复合外加剂中均不得掺有木质硫酸盐组分，并不得采用含有氯盐的防冻剂。

③高性能混凝土的配合比应根据原解品质、设计强度等级、耐久性以及施工工艺对工作性能的要求，通过计算、试配和调整等步骤确定。进行配合比设计时应符合下列规定：

A. 对不同强度等级混凝土的胶凝材料总量应进行控制，C40以下不宜大于400kg/m³；C40～C50不宜大于450kg/m³；C60及以上的非泵送混凝土不宜大于500kg/m³，泵送混凝土不宜大于530 kg/m³。配有钢筋的混凝土结构，在不同环境条件下其最大水胶比和单方混凝土中胶凝材料的最小用量应符合设计要求。

B. 混凝土中宜适量掺加优质的粉煤灰、磨细矿渣粉或硅灰等矿物掺合料，用以提高其耐久性，改善其施工性能和抗裂性能，其掺量宜根据混凝土的性能要求通过试验确定，且不宜小于胶凝材料总量的20%。当混凝土中粉煤灰掺量大于30%时，混凝土的水胶比不得大于0.45；在预应力混凝土及处于冻融环境的混凝土中，粉煤灰的掺量不宜大于30%，且粉煤灰的含碳量不宜大于2%。对暴露于空气中的一般构件混凝土，粉煤灰的掺量不宜大于20%，且单方混凝土胶凝材料中的硅酸盐水泥用量不宜小于240kg。

C. 耐久性有较高要求的混凝土结构，试配时应进行混凝土和胶凝材料抗裂性能的对比试验，并从中优选抗裂性能良好的混凝土原材料和配合比。

8.冬期、雨期、热期施工

（1）冬期施工

①冬期施工是指根据当地多年气温资料，室外日平均气温连续5d稳定低于5℃时混凝土、钢筋混凝土、预应力混凝土及砌体工程的施工。

②张拉预应力钢材时的温度不宜低于-15℃。

③钢筋的冷拉设备、预应力钢材张拉设备以及仪表工作油液，应根据实际使用时的环境温度选用，并应在使用时的环境温度条件下进行配套校验。

④冬期搅拌混凝土时，骨料不得带有冰雪和冻结团块。严格控制混凝土的配合比和坍落度；投料前，应先用热水或蒸汽冲洗搅拌机，投料顺序为骨料、水，搅拌，再加水泥搅拌，时间应较常温时延长50%。混凝土拌和物的出机温度不宜低于10℃，入模温度不得低于5℃。

⑤混凝土在浇筑前应清除模板、钢筋上的冰雪和污垢。成型开始养护时的温度，用蓄热法养护时不得低于10℃；用蒸汽法养护时不得低于5℃，细薄结构不得低于8℃。

⑥采用蒸汽加热法养护混凝土时，混凝土的升、降温速度不得超过规定。当采用普通硅酸盐水泥时，养护温度不宜超过80℃；采用矿渣硅酸盐水泥时，养护温度可提高到85℃。对大体积混凝土，养护时的升、降温速应根据温控设计的要求确定。

⑦混凝土的养护方法，宜根据技术、经济比较庙热工计算确定。当室外最低温度不低于-15℃时，地面以下的工程或表面系数不大于$15m^{-1}$的结构，宜采用蓄热法养护；当蓄热法不能适应强度增长速度要求时，可根据具体情况，选用蒸汽加热、暖棚加热等方法进行养护。

⑧加热养护结构的模板和保温层，在混凝土冷却至5℃以后方可拆除。当混凝土与外界气温相差大于20℃时，拆除模板后的混凝土表面应加以覆盖，使其缓慢冷却。

（2）雨期施工

①雨期要按时收集天气预报资料，混凝土施工要尽可能避开大风大雨天气。雨期施工应制定防洪水、防台风措施，施工场地、生活区做好排水措施。施工材料如钢材、水泥的码放应防雨漏及潮湿。建立安全用电措施，防漏电、触电。

②雨期施工准备

A. 准备雨期施工的防洪材料、机具和必要的遮雨设施。

B. 工程材料特别是水泥、钢筋应防水、防潮；施工机械防洪水淹没。

③雨期施工方法及技术措施

A. 雨期施工的工作面不宜过大，应逐段、逐片分期施工；对受洪水危害的工程应停止施工，若必须施工时，应有防洪抢险措施。

B. 雨期施工应加强对地基不良地段沉陷的观测，基础施工应防止雨水浸泡基坑，若被浸泡，应挖除被浸泡部分，用与基础同样的材料回填。

基坑要设挡水埂，防止地面水流入。基坑内设集水井，配足抽水机，坡道内设接水措施。

基坑挖好后应及时浇筑混凝土或垫层，防止被水浸泡。

C. 施工前对排水系统应进行检查、疏通或加固，必要时增加排水措施。

D. 雨后模板及钢筋上的淤泥、杂物，在浇筑混凝土前应清除干净。

E. 雷区应设置防雷措施，高耸结构应有防雷设计。沿海地区应考虑防台风措施，露天使用的电器设备要有可靠的防漏电措施。

（3）热期施工

①热期混凝土配制和搅拌

A. 拌和水使用冷却装置，对水管及水箱加遮阴和隔热设施。在拌和水中加碎冰作为拌和水的一部分。

B. 水泥、砂、石料应遮阴防晒，以降低骨料温度，可在砂石料堆上喷水降温。

配合比设计应考虑坍落度损失。可掺加减水剂以减少水泥用量和提高混凝土的早期强度。

C. 掺用活性材料粉煤灰取代部分水泥，减少水泥用量。

D. 拌和站料斗、储水器、皮带运输机、拌和楼都要尽可能遮阴。尽量缩短拌和时间。经常测混凝土的坍落度，以调整混凝土的配合比，满足施工所必需的坍落度。

②热期混凝土的运输及浇筑

A. 运输时尽量缩短时间，宜采用混凝土运输搅拌车，运输中应慢速搅拌。

B. 不得在运输过程加水搅拌。

C. 热期施工混凝土、钢筋混凝土、预应力混凝土应有全面的组织计划,准备工作充分,施工设备有足够的备件,保证连续进行;从拌和机到入仓的传递时间及浇筑时间要尽量缩短,并尽快开始养护。

D. 混凝土的浇筑温度应控制在32℃以下,宜选在一天温度较低的时间内进行。

E. 浇筑场地应遮阴,以降低模板、钢筋的温度和改善工作条件;也可在模板、钢筋和地基上喷水以降温,但在浇筑时不能有附着水。

F. 应加快混凝土的修整速度,修整时可用喷雾器洒少量水,防止表面裂纹,但不准直接往混凝土表面洒水。

③热期混凝土的养护

A. 不宜单独使用专用养护膜覆盖法养护高强度混凝土,除非当地无足够的清洁水用于养护混凝土。

B. 洒水养护宜用自动喷水系统和喷雾器,湿养护应不间断,不得形成干湿循环。

C. 混凝土浇筑完,表面应立即覆盖清洁的塑料膜,初凝后撤去塑料膜,用浸湿的粗麻布覆盖,经常洒水,保持潮湿状态最少7d。如有可能湿养期间采取遮光和挡风措施,以控制温度和干热风的影响。构造物的竖直面拆模后,宜立即用湿粗麻布把构件缠起来,麻布处整个用塑料膜包紧,粗麻布应至少7d保持潮湿状态,随后可用树脂类养护化合物喷涂。

(三)预应力混凝土

1. 预应力材料保护及预应力管道

(1)预应力材料必须保持清洁,在存放和搬运过程中应避免机械损伤和有害的锈蚀。如进场后需长时间存放时,必须安排定期的外观检查。

(2)预应力钢筋和金属管道在仓库内保管时,仓库应干燥、防潮、通风良好、无腐蚀气体和介质;在室外存放时,时间不宜超过6个月,不得直接堆放在地面上,必须采取垫以枕木并用苦布覆盖等有效措施,防止雨露和各种腐蚀性气体、介质的影响。

(3)锚具、夹具和连接器均应设专人保管。存放、搬运时均应妥善保护,避免锈蚀、玷污、遭受机械损伤或散失。临时性的防护措施应不影响安装操作的效果和永久性防锈措施的实施。

（4）在后张有黏结预应力混凝土结构中，张拉钢筋的孔道宜由浇筑在混凝土中的刚性或半刚性管道构成，刚性管道应具有光滑的内壁并可被弯曲成适当的形状而不出现卷曲或被压扁；半刚性管道应是波纹状的金属螺旋管。金属管道宜尽量采用镀锌材料制作。对一般工程，也可采取钢管抽芯、胶管抽芯及金属伸缩套管抽芯等方法进行预留。

（5）制作半刚性波纹状金属螺旋管的钢带应附有合格证书。钢带厚度应根据管道直径、设置时间（在浇筑混凝土前或后设置钢束）及是否有特殊用途而定，一般情况厚度不宜小于0.3mm。

（6）浇筑在混凝土中的管道应不允许有漏浆现象。管道应具有足够的强度，以使其在混凝土的重量作用下能保持原有的形状，且能按要求传递黏结应力。

（7）一般情况下，管道的内横截面积至少应是预应力筋净截面积的2.0~2.5倍。如果由于某种原因，管道与预应力筋的面积比低于给定的极限，则应通过试验验证其可以进行正常压浆作业。对于超长钢束的管道，亦应通过试验来确定其面积比。

2. 混凝土的浇筑

（1）混凝土用料（水泥、细骨料、粗骨料、水）及配合比应符合有关规定。可掺入适量的外加剂，但不得掺入氯化钙、氯化钠等氯盐。从各种组成材料引进混凝土中的氯离子总含量（折合氯化物含量），不宜超过水泥用量的0.6%，当超过0.6%时，宜采取掺加阻锈剂、增加保护层厚度、提高混凝土密实度等防锈措施；对于干燥环境中的小型构件，氯离子含量可提高1倍。

（2）浇筑混凝土时，宜根据结构的不同形式选用插入式、附着式或平板式等振动器进行振捣。对箱梁腹板与底板及顶板连接处的承托、预应力筋锚固区以及其他钢筋密集部位，宜特别注意振捣。

（3）浇筑混凝土时，对先张构件应避免振动器碰撞预应力筋；对后张结构应避免振动器碰撞预应力筋的管道、预埋件等。并应经常检查模板、管道、锚固端垫板及支座预埋件等，以保证其位置及尺寸符合设计要求。纵向拼接的后张梁，梁段接缝应符合设计规定。

（4）浇筑箱形梁段混凝土时，应尽可能一次浇筑完成；梁身较高时也可分两次或三次浇筑；梁身较低时可分两次浇筑。分次浇筑时，宜先底板及腹板根部，其次腹板，最后浇顶板及翼板。

（5）混凝土浇筑完成并初凝后，应立即开始养护。用于判断现场预应力混凝土结构或构件强度的混凝土试件，应置于现场与结构或构件同环境、同条件养护。

3. 施加预应力

（1）机具及设备要求

①施加预应力所用的机具设备及仪表应由专人使用和管理，并应定期维护和校验。

②张拉用的千斤顶与压力表应配套标定、配套使用，标定应在经国家授权的法定计量技术机构定期进行，标定时千斤顶活塞的运行方向应与实际张拉工作状态一致。当处于下列情况之一时，应重新进行标定：

A. 使用时间超过6个月；

B. 张拉次数超过300次；

C. 使用过程中千斤顶或压力表出现异常情况；

D. 千斤顶检修或更换配件后。

（2）施加预应力的准备工作

对力筋施加预应力之前，必须完成或检验以下工作：

A. 施工现场应具备经批准的张拉程序和现场施工说明书；

B. 现场已有具备预应力施工知识和正确操作的施工人员；

C. 锚具安装正确，对后张构件，混凝土已达到要求的强度；

D. 施工现场已具备确保全体操作人员和设备安全的必要的预防措施。

实施张拉时，应使千斤顶的张拉力作用线与预应力筋的轴线重合一致。

（3）张拉应力控制

①预应力筋的张拉控制应力应符合设计要求。当施工中预应力筋需要超张拉或计入锚圈口预应力损失时，可比设计要求提高5%，但在任何情况下不得超过设计规定的最大张拉控制应力。

②预应力筋采用应力控制方法张拉时，应以伸长值进行校核，实际伸长值与理论伸长值的差值应符合设计要求，设计无规定时，实际伸长值与理论伸长值的差值应控制在6%以内，否则应暂停张拉，待查明原因并采取措施予以调整后，方可继续张拉。

路桥工程管理与给排水规划设计

③必要时，应对锚圈口及孔道摩阻损失进行测定，张拉时予以调整。

④预应力筋的锚固，应在张拉控制应力处于稳定状态下进行。锚固阶段张拉端预应力筋的内缩量，应不大于设计规定或不大于容许值。

⑤预应力筋张拉及放松时，均应填写施工记录。

第四章
交通路桥项目与公路项目施工管理

第一节 交通工程中路桥施工管理

一、施工质量管控的重要性及其特点

现如今，在交通工程的建设过程中，常常出现安全以及质量问题，通常情况下，路桥工程中的质量问题源于管理的不当。市场目前面临巨大的改变和挑战，想适应市场的变化情况，使相关企业乃至整个行业仍拥有生存空间则必须设定严格的质量管理原则，对相关工程中的管理问题加强管控，从而提升路桥工程施工的质量，提升工程最终产生的经济效益。

路桥工程建设过程较为复杂，很大程度上可以推进一个城市的现代化发展。相关单位根据路桥施工的具体步骤进行工程管理工作，施工管理主要具有以下几个特点：

1. 工期较长。和一般工程项目相比较，路桥工程的建设周期一般在五年以上，小型的工程完成的周期也在三至五年左右，较长时间的周期设定，是对从业人员身心的较大考验。

2. 工程建设环境较为复杂。路桥工程的开展通常在野外进行，环境相较市内较为恶劣，外界环境的优劣一定程度上也会对工程的质量、进度等产生影响。

3. 工程管理较为复杂。由于整个工程的建设量较为庞大，且整个工程的施工

环节相互关联，导致工程的管理工作较难开展。

4.项目管理难度较大。因为工程施工并未集中到一起，施工时长、施工地点的分散性以及施工人员社会身份的复杂性导致从业人员的工作能力和自身素质较难通过管理工作有效提升。

5.施工重点存在差异。由于外界环境因素的影响，如工程相关开展地段地质气候的不同，导致工程建设开展的中心要点不同，无法通过统一的管理方式进行管理。

二、路桥工程中存在的质量管控问题

（一）路桥路面裂缝问题

路桥路面裂缝的产生是路桥工程中最为常见的问题，发生此类问题会使整个工程的美观性受到严重的损失，同时工程的裂缝问题会导致人们的安全受到一定的威胁，给日常出行带来较大的安全隐患。通过有关研究调查发现，工程裂缝产生的主要原因有以下几个方面：

首先是工程完成时，缺乏对整个路桥的维修保养，定期的保养可以避免工程完成后出现有关问题，使得路桥工程完工后可以正常使用。其次是路桥自身的承载能力不足，这是工程出现裂缝最为主要的原因。最后是在进行交通工程建设时，工程建设所需材料的选取需要符合工程整体的质量要求，其中选取的混凝土的材质若不满足材料标准，会直接导致路桥裂缝的出现。

（二）质量管理意识的缺乏

目前，相关交通工程建设单位的质量管理意识较为缺乏，虽然我国政府对于工程质量问题设置了许多相关的制度规定，但相当数量的单位仍旧对此重视程度不足，工程建设的规范没有充分理解，流于形式，在进行建设时不按照规定的步骤过程开展施工作业。除此之外，还有部分企业存在过分追求经济利益，忽视工程建设质量的情况，将工期进行大幅度的缩减，以追赶施工进度，路桥建设完成后也没能开展定期的保养工作。

（三）工程中的钢筋腐蚀问题

路桥工程建设完成后，其使用时间很大程度上由工程建设时所采用的钢筋性能所决定。目前看来，工程寿命的长短与许多因素有关，其中，建设时原材料的使用是决定性因素。工程建设的外部环境也有着很大的影响，相对潮湿的环境会使得工程中所使用的钢筋受潮，遭到腐蚀，通常表现为工程处于梅雨季节，或工程处于较为潮湿的南方地区，钢筋外部的保护层会出现脱落现象，与氧气接触后便会产生腐蚀现象。除此之外，相关单位从业人员对工程后期的维护保养工作的疏忽也会导致钢筋腐蚀现象的发生。

（四）施工现场管理工作混乱问题

目前，我国的相关从业单位仍旧存在的管控问题便是现场管理过于混乱。国家根据相关情况，出台了现场管理的规范标准，但是由于施工团队工作理念上的偏差和制度上的部分漏洞，使得管理人员无法有效地管理自身的队伍，出现施工现场施工人员过于松懈、施工质量较为低下、生产建设时间周期较长、效率较低等问题，问题的累积最终导致了工程整体质量的低下。

三、问题的相关改进措施

（一）质量检验的严格性提升

质量检验过程是检查整个工程完成后的质量是否满足项目建设之前的预设标准，质量检验的好坏程度可以反映工程的质量情况。因此在施工过程中的质量检测阶段需要加强原材料、工程部分以及整体的检测力度，尽可能将问题消灭在质量检测阶段。在进行质量检测的过程时，需要采取专业检测人员与工程项目自检相结合的检验方式，对于技术要求较高，工艺较为复杂的项目，需要另行设定检验标准，经过相关监管人员签字确认方可继续开展工程。

（二）完善管控体系的建成

对交通工程的质量进行管控需要以单位的管理能力作为制度建设的标准。企业需要对自身的管理水平进行专业仔细的分析，根据实际情况完善规章制度及安全管理的方式方法，根据单位的技术能力施工技术程度，制定一套具有针对性的规范标准。有条件的单位最好设置专门的管理部门,并为其配置专业性较强的技术人员,提升管理过程的规范合理性,将所设置的规范标准真正地落实下去,做到使施工过程中有专业性的管控标准可以参考,实行责任制,层层落实下去,保证工作的正常有效开展。

(三)加强工程所需材料的管控

工程建设的原材料是项目开展的基础,混凝土材料的质量是工程建设过程的有效保障,需要将相关工作交由责任心较强、专业性较强的人员进行把控。原材料购买时,必须对市场进行充分的调查和了解,与市场上常见的其他材料进行比较,选择适用性最强的材料,通过合法渠道购买质量具有较强保障的原材料,按照政府、企业出台的相关规章制度对原材料进行检测,在检测符合标准之后再批量购买,进而进行现场使用,避免不符合标准的材料进入项目的建设过程中。此外,需要根据相关的分类标准对不同的材料进行有效的管控,设置标签序号,减少外界环境对材料以及建设过程的影响,注意材料使用的时效性,从而提升项目整体的完工质量。

(四)加强相关从业人员的质量培训

企业需要加强对领导阶层的教育工作,牢牢树立正确的管理意识,对从业人员开展良好的管理培训课程。领导阶层对于管理工作的重视程度,可以保证员工教育工作的顺利进行,通过相关的质量管控教育可以将员工的质量意识有效提升,提高员工对于施工质量的重视程度,加强整个团队的合作精神。培训工作的开展可以使员工的综合素养得到提升,各个岗位上的施工人员可以明确自己工作的职责所在,仔细认真地履行自己的职责。在工程进行中的管控应该以提升工作人员从业积极性为主,充分地将员工的工作热情调动起来,按照国家、企业的施工标准进行施工,保证工程的施工质量。

(五)加强员工的技术培养

相关从业人员的施工技术能力与整个工程建设的质量情况紧密相关,通过较强的专业施工技术和较为严格的施工质量管理才能最终保障工程可以较为完善优质地进行。负责相关施工技术的管理人员需要具有与其岗位相匹配的技术水平和管理能力，相关人员需要根据现场实际施工情况，选择最为合适的工程技术，将先进的技术工艺运用到实际项目中去。相关单位应当组织从业人员对工程图纸、技术、建设方案进行探讨研究，丰富自身的技术水平，积极对技术进行改革、创新，满足市场的需求以及行业的进步。要积极学习行业内出现的新技术，对新兴的材料工艺有足够的了解。在施工的过程中按照相关的制度标准严格进行，把控工程中的重点难点，发现并解决出现的问题，保证工程的顺利进行。

（六）安全性的提升

相关施工单位需要制定完整的安全管控制度，在工程进行期间，杜绝工作人员的违规操作，一旦出现违规操作，需要执行相应的处置措施，提升整个工程的安全性执行力度。保证周边施工环境的安全性，企业需要安排专业的检测人员定时对周边环境存在的安全隐患进行排查，寻找施工过程中可能出现的问题，将施工范围的风险性降至最低。把控原材料的质量问题，避免因此出现的安全隐患。按照相关制度进行工作，对员工进行合理的奖惩制度以激发员工的工作积极性。企业需要及时调整工程中的工艺技术，从而有效地控制相关的安全因素。

第二节　交通施工模式下的路桥养护管理

公路改扩建施工在不封闭交通施工的环境下，运营与改扩建施工并存，涉及的单位、人员设备众多，路域环境不断变化，较正常运营期通行环境更为复杂，路桥安全畅通管理难度较大。同时，改扩建施工界面与养护施工界面频繁交叉，点多线长面广，养护维修施工在一定程度上要为改扩建施工"让路"，造成诸多病害得不到及时修复，养护维修施工压力大，路桥安全畅通形势严峻复杂。

目前，在公路改扩建研究中，对施工组织设计和保畅通的研究较多，而对如何开展养护管理工作，保证路桥安全的研究很少，而且没有成熟的管理经验可供借鉴。因此，对不封闭交通改扩建施工模式下路桥养护管理进行研究，提出保证路桥安全畅通对策，减少改扩建施工与正常运营之间的相互影响，具有重要的现实意义。笔者结合一家公司（以下简称"公司"）在公路改扩建施工中的实际状况进行探讨。

一、新形势下路桥养护管理体系

为了保证路桥安全、道路畅通，需要建立多方参与管控的协调统一的管理体系。因此，公司围绕"保路桥安全畅通"的工作目标，成立了由运营部门、改扩建指挥部、交警等单位或部门负责人组成的指挥小组。指挥小组统一对辖段路桥安全畅通工作进行调度指挥。新形势下养护安全管理组织机构图如图4-1所示。

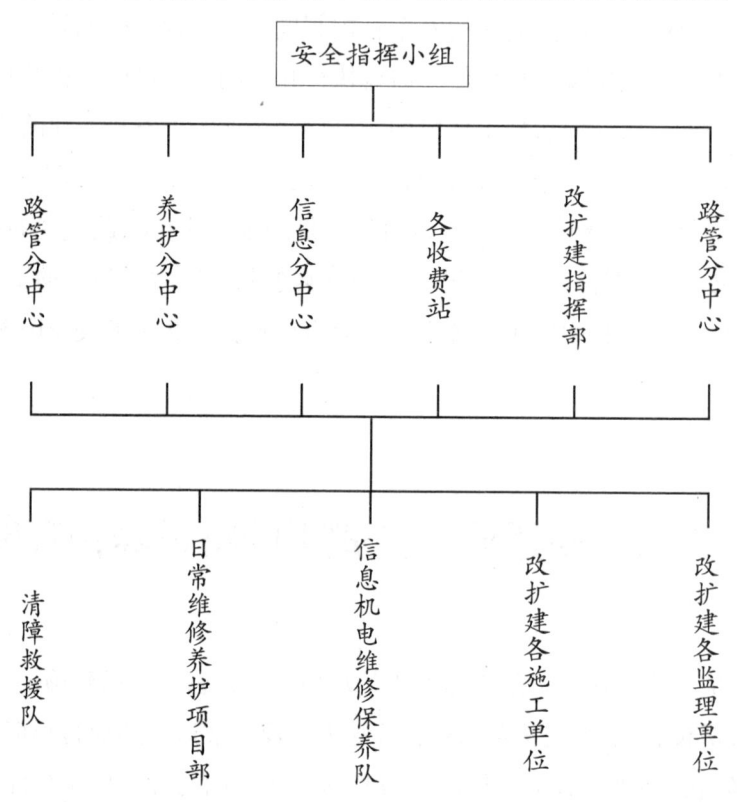

图 4-1　新形势下养护安全管理组织机构图

（一）运营部门

运营部门包括辖段路管分中心、养护分中心、信息分中心、收费站等部门，主要负责做好辖段路桥日常巡查、收费通信光缆设备维护、路桥日常维修保养、道路清障救援等工作。

（二）改扩建指挥部

改扩建指挥部负责代表项目办对所有辖段改扩建参建单位进行管理，做好改扩建范围内的路桥巡查、施工管理和隐患消除，协助运营部门做好日常运营工作。

（三）交警

交警负责辖段交通分流、管制等，审查涉路施工交通组织方案，核发涉路施工许可证，处理交通事故，定期对施工进行安全巡查等。

（四）各施工及监理单位

各施工及监理单位负责完成各自范围内的施工任务，负责施工现场的安全管理，服从管理单位或部门的管理，制定本单位的安全管理措施，做好老路桥等资产拆除的应急方案和施工转序的交通安全组织方案，按要求配备安全生产人员，协助完成道路救援、清障、抢险等工作。

要保证建立的安全管理体系行之有效，必须全面准确地识别复杂条件下的危险源，各参与方围绕"保路桥安全畅通"目标，从人员、设备、环境、管理等方面认真识别道路运输过程、养护施工作业和改扩建施工作业过程中存在的影响路桥安全的风险因素。危险源识别后要进行隐患排查，可分为日常排查、节假日前排查(包含重大活动排查)、综合性排查、专业性排查。隐患排查出后要坚持问题导向，对隐患进行登记、举一反三(如相似隐患排查)、整改验收销号等。具体工作任务分解如图 4-2 所示。

路桥工程管理与给排水规划设计

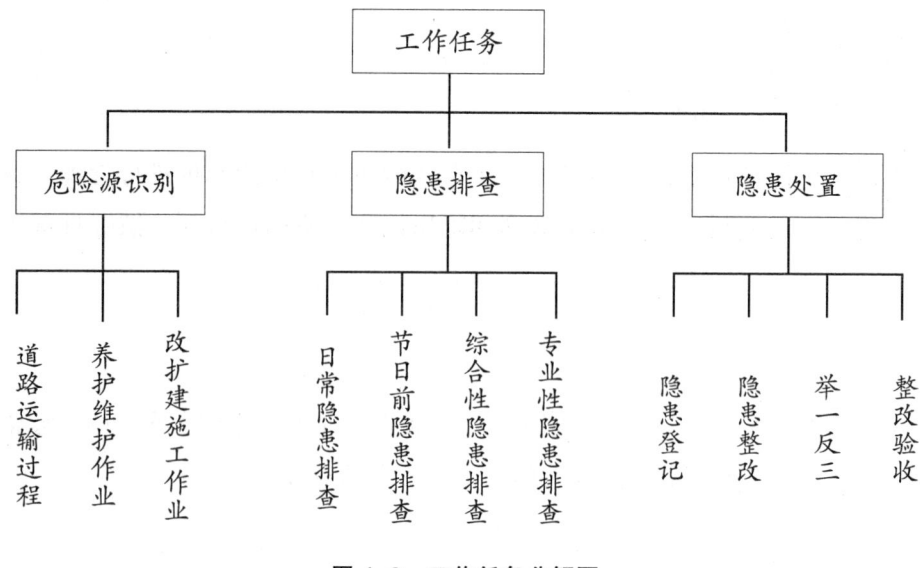

图4-2 工作任务分解图

工作任务分解为三大类:
- 危险源识别:道路运输过程、养护维护作业、改扩建施工作业
- 隐患排查:日常隐患排查、节日前隐患排查、综合性隐患排查、专业性隐患排查
- 隐患处置:隐患登记、隐患整改、举一反三、整改验收

二、养护管理体系的实施

(一)建立微信工作群,提升隐患整改效果

建立包括各单位负责人与主要技术人员在内的微信工作群,每天对路况巡查发现的问题进行通报,由整改责任方进行认领。整改责任方要在规定时限内整改完毕,并上传整改完毕的照片至微信群;由发现问题的单位对整改结果进行验证。对于整改落实不到位的单位由指挥小组下达问题督办单,并对责任方进行处罚。

(二)联合巡查,提升道路巡查效果

按照各单位各部门职责,建立全天候联合巡查机制,提升道路巡查效果。规定参与方的巡查频次和巡查时间段,保证在巡查过程中巡查时间段有效衔接,同时要求各方以各自职责范围的工作为主,兼顾其他各方工作,保证全天候及时了解道路状况。

(三)加强临时交通安全设施管护

改扩建施工拆除原有路基防护设施、护栏、标志牌等需在完成增设临时防护

设施后进行。对于新增临时防护设施要符合相关规定，规范未作要求的必须经过专家论证和试验验证。要加强新增临时移动钢护栏、防眩板、临时标志牌、临时标线等安全设施管护力度，杜绝因临时安全设施倒塌歪斜、指示不清等造成的交通事故。

（四）运用新工艺新材料，提升养护施工效率

改扩建施工转序期间，在双向三车道通行条件下，养护占道封闭施工势必引起交通拥堵，减少养护施工对交通的影响至关重要。一般要求养护部门采用新材料新工艺对路面坑槽、伸缩缝损坏等进行快速修补。同时，在施工过程中交警对施工段进行限速，路管分中心及改扩建单位对交通流进行引导分流；周末及节假日车流量较多时段禁止路面范围施工，保证不造成长时间长距离拥堵。

（五）创新思路，提升养护工作效率

为保证改扩建施工顺利进行和道路畅通，养护维修采取错峰施工。当改扩建占道施工时，保证在车流高峰期每两公里范围内不安排养护施工，避免施工冲突和重复安全布控而影响交通出行。

（六）合理限速限行，疏导车流量

在工程实施过程中，尤其在转序施工交通导改时，参建单位可采用BIM技术对导改方案进行预估，以降低对施工的影响。对可预计的交通拥堵，由路管和交警牵头制定合理的分流措施，在改扩建实施过程中实行"大型车及危化品车限行，限速80公里/小时"的分流措施。其中，外部路网分流以"源头疏导、主线通行、局部管控、路网分流"为原则，结合利用周围其他公路，引导车辆提前绕行；对内部车流通过设置相应的临时保通安全设施及作业区设施引导车辆通行。

第三节　公路工程进度控制管理

一、公路工程进度计划的编制特点

（一）公路工程进度计划的主要形式

1. 横道图

公路工程的进度横道图是以时间为横坐标，以各分部（项）工程或工作内容为纵坐标，按一定的先后施工顺序，用带时间比例的水平横线表示对应工作内容持续时间的进度计划图表。公路工程中常常在横道图的对应分项的横线下方表示当月计划应完成的累计工程量或工作量百分数，横线上方表示当月实际完成的累计工程量或工作量百分数。

2. "S"曲线

"S"曲线是以时间为横轴，以累计完成的工程费用的百分数为纵轴的图表化曲线。一般在图上标注有一条计划曲线和实际支付曲线，实际线高于计划线则实际进度快于计划，否则就慢；曲线本身的斜率也反映进度推进的快慢。有时，为反映实际进度，另增加一条实际完成线（支付滞后于完成）。在公路工程中，常常将"S"曲线和横道图合并于同一张图表中，称之为"公路工程进度表"，既能反映各分部（项）工程的进度，又能反映工程总体的进度。

3. 垂直图（也称斜条图、时间里程图）

垂直图是以公路里程或工程位置为横轴，以时间为纵轴，而各分部（项）工程的施工进度则相应地以不同的斜线表示。在图中可以辅助表示平面布置图和工程量的分布。垂直图很适合表示公路、隧道等线形工程的总体施工进度；斜率越陡进度越慢，斜率越平坦进度越快。

4. 斜率图

斜率图是以时间（月份）为横轴，以累计完成的工程量的百分数为纵轴，将分项工程的施工进度相应地用不同斜率表示的图表化曲（折）线。事实上就是分项工程的"S"曲（折）线，主要是作为公路工程投标文件中施工组织设计的附表，以反映公路工程的施工进度。

（二）公路施工过程组织方法和特点

公路施工过程基本组织方法有顺序作业法、平行作业法、流水作业法。以4座涵洞施工为例归纳总结其各自特点。

1. 顺序作业法（也称依次作业法）的主要特点

（1）没有充分利用工作面进行施工，（总）工期较长；

（2）每天投入施工的劳动力、材料和机具的数量比较少，有利于资源供应的组织工作；

（3）施工现场的组织、管理比较简单；

（4）不强调分工协作，若由一个作业队完成全部施工任务，不能实现专业化生产，不利于提高劳动生产率；若按工艺专业化原则成立专业作业队（班组），各专业队是间歇作业，不能连续作业，材料供应也是间歇供应，劳动力和材料的使用可能不均衡。

2. 平行作业法的主要特点

（1）充分利用工作面进行施工，（总）工期较短；

（2）每天同时投入施工的劳动力、材料和机具数量较大，材料供应特别集中，所需作业班组很多，影响资源供应的组织工作；

（3）如果各工作面之间需共用某种资源时，施工现场的组织管理比较复杂、协调工作量大；

（4）不强调分工协作，各作业单位都是间歇作业，此点与顺序作业法相同。

这种方法的实质是用增加资源的方法来达到缩短（总）工期的目的，一般适用于需要突击性施工时施工作业的组织。

3. 流水作业法的主要特点

（1）必须按工艺专业化原则成立专业作业队（班组），实现专业化生产，有利于提高劳动生产率，保证工程质量；

（2）专业化作业队能够连续作业，相邻作业队的施工时间能最大限度地搭接；

（3）尽可能地利用工作面进行施工，工期比较短；

（4）每天投入的资源量较为均衡，有利于资源供应的组织工作；

（5）需要较强的组织管理能力。

这种方法可以科学地利用工作面，实现不同专业作业队之间的平行施工。

（三）公路工程常用的流水施工组织

1. 公路工程常用的流水参数

（1）工艺参数：施工过程数 n（工序个数），流水强度 V；

（2）空间参数：工作面 A、施工段 m、施工层；

（3）时间参数：流水节拍 t、流水步距 K、技术间歇 Z、组织间歇、搭接时间。

2. 公路工程流水施工分类

（1）按节拍的流水施工分类

①有节拍（有节奏）流水

A. 等节拍（等节奏）流水，所有的流水节拍相同且流水步距＝流水节拍，是理想的流水施工；

B. 异节拍（异节奏）流水，可进一步分为成倍流水（等步距异节拍）和分别流水（异步距异节拍）。

②无节拍（无节奏）流水：流水节拍一般不相同，用累加数列错位相减取大差的方法求流水步距。

（2）按施工段在空间分布形式的流水施工分类：

流水段法流水施工；流水线法流水施工。

3. 路面工程的线性流水施工组织

一般路面各结构层施工的速度不同，从而持续时间往往不相同。组织路面流水施工时应注意以下要点：

（1）各结构层的施工速度和持续时间。要考虑影响每个施工段的因素，如水泥稳定碎石的延迟时间、沥青拌和能力、温度要求、摊铺速度、养护时间、最小工作面的要求等。

（2）相邻结构层之间的速度决定了相邻结构层之间的搭接类型。前道工序的速度快于后道工序时选用开始到开始搭接类型；否则选用完成到完成搭接类型。

（3）相邻结构层工序之间的搭接时距的计算。时距＝最小工作面长度/两者中快的速度。

4. 通道和涵洞的流水段施工组织

在实际的公路通道和涵洞施工中，全等节拍流水较少见，更多的是异节拍流水和无节拍流水。对于通道和涵洞的流水组织主要是以流水段方式组织流水施工，而流水段方式的流水施工往往会存在窝工（资源的闲置）或间歇（工作面的闲置）。根据流水施工的组织原理，异步距异节拍流水实质上是按无节拍流水组织，引入流水步距概念目的就是为了消除流水施工中存在的窝工现象。消除窝工和消除间歇的方法都采用累加数列错位相减取大差的方法，构成累加数列的方法，当不窝工的流水组织时，其流水步距计算是同工序各节拍值累加构成数列；当不间歇（即无多余间歇）的流水组织时，其施工段的段间间隔计算是同段各节拍值累加构成数列；错位相减取大差的计算方法，两种计算方法相同。

（1）不窝工的无节拍流水工期＝流水步距和＋最后一道工序流水节拍的和＋要求间歇和。

（2）无多余间歇的无节拍流水工期＝施工段间间隔和＋最后一个施工段流水节拍的和＋要求间歇和。

（3）有窝工并且有多余间歇的无节拍流水工期，一般通过绘制横道图来确定；如果是异节拍流水时往往是不窝工或者无多余间歇流水施工中的最小值，此时一般是无多余间歇流水工期最小。

5. 桥梁工程流水施工组织

多跨桥梁的桥梁基础或桥梁下部结构施工由于受到专业设备数量的限制，不宜配备多台，因此只能采取流水施工。桥梁的流水施工也属于流水段法流水施工，应注意尽可能组织成有节拍的形式。工期计算与通道涵洞相同。

（四）网络计划在公路工程进度计划中的应用

1. 衔接网络图的应用：路基、路面、桥涵、隧道等。
2. 单代号搭接网络图的应用：路面、结构物流水的简化。

（1）路面各结构层的搭接流水施工。搭接时距的确定参见路面工程线性流水施工组织。

（2）结构物细部流水原本是衔接关系，如果简化成各工序之间流水或者各施工段之间流水，那么就变成搭接关系。尤其在使用计算机的项目管理软件编制进度计划时，对简化后的工作之间的搭接关系更应该知道如何正确表示，否则本不是关键的线路却因为表示错误而成为关键线路。搭接时距选择和计算，简化为不窝工流水时取 STS= 相邻工作的流水步距，不间歇流水时取 STS= 段间间隔。

二、公路工程进度控制管理

（一）公路工程项目进度管理原理

公路工程项目进度管理是以现代科学管理原理作为其理论基础的，主要有动态控制原理、系统控制原理、信息反馈原理、弹性原理、封闭循环原理、网络计划技术原理。

（二）进度计划的审批

1. 进度计划的提交

（1）总体性进度计划

在中标通知书发出后合同规定的时间内，承包人应向监理工程师书面提交以下文件：一份详细和格式符合要求的工程总体进度计划及必要的各项工程的进度计划；一份有关全部支付的现金流动估算；一份有关施工方案和施工方法的总说明（即通过施工组织设计提出）。

（2）阶段性进度计划

在将要开工以前或在开工以后合理的时间内，承包人应向监理工程师提交以下文件：年、月（季）度进度计划及现金流动估算和分项（或分部）工程的进度计划。

2. 进度计划的审查要点

施工单位编制完进度计划后，应重点从以下几方面对进度计划进行审查：

（1）工期和时间安排的合理性

①施工总工期的安排应符合合同工期。

②各施工阶段或单位工程（包括分部、分项工程）的施工顺序和时间安排与材料和设备的进场计划相协调。

③易受冰冻、低温、炎热、雨季等气候影响的工程应安排在适宜的时间，并

应采取有效的预防和保护措施。

④对动员、清场、假日及天气影响的时间，应充分考虑并留有余地。

（2）施工准备的可靠性

①所需主要材料和设备的运送日期已有保证。

②主要骨干人员及施工队伍的进场日期已经落实。

③施工测量、材料检查及标准试验的工作已经安排。

④驻地建设、进场道路及供电、供水等已经解决或已有可靠的解决方案。

（3）计划目标与施工能力的适应性

①各阶段或单位工程计划完成的工程量及投资额应与设备和人力实际状况相适应。

②各项施工方案和施工方法应与施工经验和技术水平相适应。

③关键线路上的施工力量安排应与非关键线路上的施工力量安排相适应。

（三）进度计划的检查与调整

1. 进度计划的检查

（1）公路工程项目进度检查应包括下列内容：

①工作量的完成情况。

②工作时间的执行情况。

③资源使用及进度的互配情况。

④上次检查提出问题的处理情况。

（2）进度计划检查的方式

①项目部定期收集由承包单位提交的有关进度报表资料。

②由驻地监理人员现场跟踪检查公路工程的实际进展情况。

③由监理工程师定期组织现场施工负责人召开现场会议。

④上次检查提出问题的处理情况。

（3）进度计划检查的方法

①横道图比较法。横道图比较法是指将在项目实施中检查实际进度收集的信息，经整理后直接用横道线并列标于原计划的横道线处，进行直观比较的方法。

②"S"形曲线比较法。"S"形曲线比较法与横道图比较法不同，它不是在编制的横道图进度计划上进行实际进度与计划进度比较。它是以横坐标表示进度

时间，纵坐标表示累计完成任务量，而绘制出一条按计划时间累计完成任务量的"S"形曲线，将施工项目的各检查时间实际完成的任务量与"S"形曲线进行实际进度与计划进度相比较的一种方法。

③"香蕉"形曲线比较法。"香蕉"曲线是由两条以同一开始时间、同一结束时间的"S"形曲线组合而成，而且时间最好采用工期的百分数表示。其中，一条"S"形曲线是工程按最早完成时间安排进度所绘制的"S"形曲线，简称 ES 曲线；另一条"S"形曲线是工作按最迟完成安排进度所绘制的"S"曲线，简称 LS 曲线。除了项目的开始和结束点外，ES 曲线在 LS 曲线的上方，同一时刻两条曲线所对应完成的工作量是不同的。在项目实施过程中，理想的状况是任一时刻的实际进度在这两条曲线所包区域内的曲线 R 上。

④前锋线比较法。前锋线比较法是通过绘制某检查时刻工程项目实际进度前锋线，进行工程实际进度与计划进度比较的方法，它主要适用于时标网络计划。所谓前锋线，是指在原时标网络计划上，从检查时刻的时标点出发，用点划线依此将各项工作实际进展位置点连接而成的折线。前锋线比较法就是通过实际进度前锋线与原进度计划中各工作箭线交点的位置来判断工作实际进度与计划进度的偏差，进而判定该偏差对后续工作及（总）工期影响程度的一种方法。

通过检查，能反映出目前工作的进展情况，工作是否正常（按时）、延误或提前，是否对整个工期有影响。如果工作的延误超过其总时差将造成工期拖延，即对工期产生影响，则需关注或采取措施进行处理。

2. 进度计划的调整

当公路工程项目施工实际进度影响到后续工作，总工期需要对进度计划进行调整时，通常采用以下两种方法。

（1）改变某些工作间的逻辑关系

当工程项目实施中产生的进度偏差影响到总工期，且有关工作的逻辑关系允许改变时，可以改变关键工作或超过计划工期的原非关键工作（即新关键工作）之间的逻辑关系，达到缩短工期的目的。例如，将顺序进行的工作改为平行作业、搭接作业以及分段组织流水作业等，都可以有效地缩短工期。

但要注意：压缩过程中关键线路会随着压缩关键工作而改变或增加条数。

（2）缩短某些工作的持续时间

这种方法是不改变工程项目中各项工作之间的逻辑关系，而通过采取增加资源投入、提高劳动效率等措施来缩短某些工作的持续时间，使工程进度加快，以保证按计划工期完成该工程项目。这些被压缩持续时间的工作位于关键线路上（即关键工作，还包括原来是非关键工作但是现在已经超过计划工期的新关键工作）。同时，这些工作又是其持续时间可被压缩的工作。这种调整方法通常可以在网络图上直接进行。

第四节　公路工程安全管理的范围及要求

公路工程施安全管理的范围主要包括路基、路面、桥涵、隧道、交通安全设施等各种施工作业的安全管理，其中各个管理方面都包含了对在过程中起到能动作用的人的管理和施工车辆、各种机械、工具等的管理，以及对施工环境的安全管理，即人们常说的"人、机、轴、法、环"五个方面。

一、路基工程施工的安全管理

（一）路基工程施工安全管理范围

路基工程施工安全管理的范围包括土方施工、石方施工、高边坡施工、爆破作业、机械作业、挡护工程等。

（二）路基工程施工安全管理的一般要求

1. 路基施工前应掌握影响范围内地下埋设的各种管线情况，制定安全措施。施工中发现危险品及其他可疑物品时，应立即停止施工，按照规定报请有关部门处理。

2. 路基施工应做好施工期临时排水设施总体规划，临时排水设施应与永久性排水设施综合考虑，并与工程影响范围内的自然排水系统相协调。

3. 机械作业范围内不得同时进行人工作业。

4. 施工机械设备不宜在坡度大的边坡区域作业，必要时应采取防止设备倾覆的措施。

5. 多台机械同时作业时，各机械之间应保持安全距离。

6. 路基边坡、边沟、基坑边缘地段上作业的机械应采取防止机械倾覆、基坑坍塌的安全措施。

7. 弃方应符合下列规定：

（1）施工前，应现场核实弃土场的具体情况，弃土场四周应设立警示标志。

（2）弃方不得影响排洪、通航，不得加剧河岸冲刷。水库、湖泊、岩溶漏斗及暗河口处不得弃方。桥墩台、涵洞口处不得弃方。

（3）弃方作业应遵循"先支护、后弃土"的原则。

二、路面工程施工的安全管理

（一）路面工程施工的安全管理范围

路面工程施工的安全管理范围包括路面结构层及其附属工程施工过程的安全管理。

（二）路面工程施工安全管理的一般要求

1. 施工中，拌和楼、发电站(机)、摊铺机等大型机械设备及其辅助机械(具)运输车、滑模摊铺机、轨道摊铺机、沥青操作手不得擅自离开操作台。

2. 施工现场出入口、沿线各交叉口等处应设明显警示、警告标志，并应设专人指挥。

3. 机械设备停放位置应平整，周围应设置明显的警示标志，夜间应设警示灯。

4. 开挖下承层沟槽或施作伸缩缝应设置明显的安全警示标志。

5. 夜间施工，现场作业人员应身穿反光服，路口、危险路段和桥头引道应设置警示灯或反光标志，施工设备均应有照明设备和明显警示标志，照明应满足夜间施工要求。

6. 隧道内摊铺沥青混凝土路面应符合下列规定：

（1）应采用机械通风排烟，隧道内空气中的有毒气体和可燃气体的浓度不得超过相关规定。

（2）隧道内作业人员应佩戴符合要求的防毒面具。

（3）隧道内应有照明和排风等设施，作业人员应穿反光服。

三、桥涵工程的安全管理

（一）桥涵工程的安全管理范围

桥涵工程的安全管理范围包括基础工程的安全管理；墩台工程的安全管理；墩身、盖梁工程的安全管理；桥面工程的安全管理等。

此外，桥涵工程施工安全还要注意高处作业安全、缆索吊装施工安全、门架超重运输安全、混凝土浇筑安全、泵送混凝土安全、模板安装及拆除安全、脚手架安全、支架施工安全、钢筋制作安全、焊接作业安全等。

（二）桥涵工程施工安全控制要点

1. 明挖基础施工安全控制要点

（1）基坑开挖的方法、顺序以及支撑结构的安设，均应按照施工组织设计中的规定进行。开挖深度超过3m的基坑(槽)的土方开挖、支护、降水工程或地质水文复杂的基坑开挖必须制定详细的施工方案和安全专项方案。开挖深度超过5m的基坑土方开挖、支护、降水工程或开挖深度虽未超过5m但地质条件、周围环境复杂的基坑土方开挖、支护、降水工程专项施工方案，应组织专家进行论证。

（2）挖基施工宜在枯水或少雨季节进行，并应连续施工，有支护的基坑应采取防碰撞措施，基坑附近有管网或其他结构物时，应有可靠的防护措施。中等以上降雨期间基坑内不得施工。

（3）基坑内作业前，应全面检查边坡滑塌、裂缝、变形以及基坑涌水、涌砂等情况，并应翔实记录。坑沿顶面出现裂缝、坑壁松塌或遇有涌水、涌砂影响基坑边坡稳定时，应立即加固防护，在确认安全后方可恢复施工。

（4）大型深基坑除应遵循边开挖、边支护的原则施工外，还应建立边坡稳定信息化动态监控系统。

（5）开挖和降水施工应符合下列规定：

①开挖应视地质和水文情况，基坑深度按规定坡度分层进行，不得采用局部

开挖深坑或从底层向四周掏土的方法施工。

②开挖影响邻近建(构)筑物或临时设施时,应采取安全防护措施。

③开挖过程中应监测边坡的稳定性、支护结构的位移和应力、围堰及邻近建(构)筑物的沉降与位移、地下水位变化、基底隆起等项目。

④基坑顶面应设置截水沟。多年冻土地基上开挖基坑,坑顶截水沟距基坑上边缘不得小于10m,排水的位置应远离基坑。

⑤排水作业不得影响基坑安全,排水困难时,应采用水下挖基方法,并应保持基坑中原有水位。

⑥爆破开挖宜采用浅眼松动爆破法。

⑦开挖影响既有道路车辆通行时,应制订交通组织方案。

⑧冻结法开挖时,制冷设备的电源应采用不同供电所双路输电,应分层冻结、逐层开挖,不得破坏周边冻结层,基础工程施工应在冻融前完成。

⑨弃方不得阻塞河道、影响泄洪。

⑩基坑周边1m范围内不得堆载、停放设备;深基坑四周距基坑边缘不小于1m处应设立钢管护栏、挂密目式安全网,靠近道路侧应设置安全警示标志和夜间警示灯带。

⑪在电力管线、通信管线、燃气管线2m范围内及上下水管线1m范围内挖土时,应有专人监护。

⑫在旧管沟、地下煤气管道等处应按照动火制度进行报批后才能进行施工。

2. 筑岛、围堰施工安全控制要点

(1) 人工筑岛,应搭设双向运输便道或便桥。

(2) 采用挡土板或板桩围堰,应视土质、涌水、挖深情况,逐段支撑。施工中,遇有流砂、涌砂或支撑变形等异常情况,应立即停止挖掘,并立即撤出作业人员。

(3) 采用吸泥船吹砂筑岛,要对船体吃水深度、停泊位置、管路射程及连接方法等进行严格检查和试验。

(4) 挖基工程所设置的各种围堰和基坑支撑,其结构必须坚固牢靠。

(5) 基坑抽水过程中,要指派专人经常检查土层变化、支撑结构受力等情况;基坑支撑拆除时,应在现场技术负责人的指导下进行。

3.钢板桩及钢筋混凝土板桩围堰施工安全控制要点

（1）钢板桩围堰是一种比较传统的深水基础施工方法，使用钢板桩围堰时，要根据施工条件和安全要求及水深、地质等情况适当选择桩长，准确确定围堰尺寸、钢板桩数量、打入位置、入土深度和桩顶标高，使之既不影响水上施工，又不会伤及水下桩基等构造物。

（2）插打钢板桩（包括钢筋混凝土板桩）围堰前应对打桩机、卷扬机及其配套机具设备、绳索等进行全面检查，经试验、鉴定合格后方可施工。

（3）钢板桩起吊应听从信号指挥，吊起的钢板桩未就位前，插桩桩显处不得站人。

（4）插打钢板桩宜插桩到全部合龙，然后再分段、分次打到标高。插桩顺序：在无潮汐河流一般从上游中间开始分两侧对称插打至下游合龙，在潮汐河流，有两个流向的关系，为减少水流阻力，可采取从侧面开始，向上、下游插达，在另一侧合龙。插打钢板桩时，如因吊机高度不足，可改变吊点位置，在转换吊时，必须先挂后换，使新吊点吃力后，并确定牢固，才能拆除原吊点。

（5）桩锤一般采用振动桩锤。钢板桩在锤击下沉时，初始阶段应轻打。

（6）使用沉拔桩锤沉拔板桩时，桩锤各部机件、连接件要确保完好，电气线路、绝缘部分要良好绝缘。

（7）拔桩时，应从下游向上游依次进行。遇有拔不动的钢板桩时，应立即停拔检查，可采取射水、振动等松动措施，严禁硬拔。

（8）采用吊机船拔除钢板桩，应指派专人经常检查吊机船的吃水深度、拔桩机或吊机受力情况，拔桩机和吊机应安装"限负荷"装置，以防超负荷作业。

（9）钢筋混凝土板桩采用锤击下沉时，桩头和桩尖部位应采取加固措施。

4.钻孔灌柱桩基础施工安全控制要点

（1）钻机就位后，对钻机及其配套设备应进行全面检查。

（2）各类钻机在作业中，应由本机或机管负责人指定的操作人员操作，其他人不得登机。

（3）每次拆换钻杆或钻头时，要迅速快捷，保证连接牢靠。

（4）采用冲击钻孔时，应随时检查选用的钻锥、卷扬机和钢丝绳的损伤情况，当断丝已超过5%时，必须立即更换；卷扬机套筒上的钢丝绳应排列整齐。

（5）使用正、反循环及潜水钻机钻孔时，对电缆线要严格检查；钻孔过程中，必须设有专人，按规定指标，保持孔内水位的高度及泥浆的稠度，以防塌孔。

（6）钻机停钻，必须将钻头提出孔外，置于钻架上，严禁将钻头停留孔内过久。

（7）采用冲抓或冲击钻孔，应防止碰撞护筒、孔壁和钩挂护筒底缘。提升时，应缓慢平稳。钻头提升高度应分阶段（按进尺深度）严格控制。

5. 人工挖孔桩安全控制要点

（1）现场应配备气体浓度检测仪器，进入桩孔前应先通风 15min 以上。人工挖孔作业时，应持续通风，现场应至少备用 1 套通风设备。

（2）土石层变化处和滑动面处不得分节开挖。应及时加固防护护壁内滑裂面。

（3）同排桩施工应跳槽开挖，相邻桩孔不得同时开挖，相邻两孔中的一孔浇筑混凝土，另一孔内不得有作业人员。

（4）土层或破碎岩石中挖孔桩应采用钢筋混凝土护壁，并应根据计算确定护壁厚度和配筋量。

（5）孔内作业人员应戴安全帽、系安全带、穿防滑鞋，安全绳应系在孔口。作业人员应通过带护笼的直梯进出，人员上下不得携带工具和材料。作业人员不得利用卷扬机上下桩孔。

（6）绞车、绞绳、吊斗、卷扬机等设备应完好，起吊设备应装设限位器和防脱钩装置。

（7）孔口处应设置护圈，护圈应高出地面 0.3m。孔口应设置护栏和临时排水沟，夜间应悬挂警示红灯。孔口四周不得堆积弃渣、无关机具及其他杂物。

（8）非爆破开挖的挖孔桩雨期施工，孔口应设置防雨篷，雨天孔内不得施工。

（9）在含有毒有害气体的地区，孔内作业应至少每 2h 检测一次有毒有害气体及含氧量，保持通风，同时应配备不少于 5 套且满足施救需要的隔绝式压缩氧自救器等应急救援器材。

（10）孔深一般不宜超过 15m，孔径不宜小于 1.2m。

（11）孔深超过 15m 的桩孔内应配备有效的通信器材，作业人员在孔内连续作业不得超过 2h；桩周支护应采用钢筋混凝土护壁，护壁上的爬梯应每间隔 8m

设一处休息平台。孔深超过 30m 的应配备作业人员升降设备。

（12）孔口应设专人看守，孔内作业人员应经常检查护壁变形、裂缝、渗水等情况，并与孔口人员保持联系，发现异常应立即撤出。

（13）挖孔作业人员的顶部应设置护盖。弃渣吊斗不得装满，出渣时，孔内作业人员应位于护盖下。

（14）孔内照明电压应为安全电压，应使用防水袋罩灯泡，电缆应为防水绝缘电缆。

（15）孔内爆破作业应专门设计，采用浅眼松动爆破法，并应严格控制炸药用量，炮眼附近孔壁应加强防护或支护。孔深不足 10m，孔口应做覆盖防护。爆破前，相邻桩孔人员必须撤离。

（16）混凝土护壁应随挖随浇，每节开挖深度应符合专项施工方案要求，且不得超过 1m。护壁外侧与孔壁间应填实。混凝土护壁浇筑前，上下段护壁的钩拉钢筋应绑扎牢固。护壁模板应在混凝土强度达到 5MPa 以上后拆除。

6. 墩台施工安全控制要点

（1）就地浇筑墩台混凝土，施工前必须搭设好脚手架和作业平台，模板就位后，应立即用撑木等固定其位置，以防倾倒砸人。

（2）用吊斗浇筑混凝土，吊斗提降应设专人指挥。

（3）在围堰内浇筑墩台混凝土，应安设梯子或设置跳板，供作业人员上下。

（4）凿除混凝土浮浆及桩头，作业人员必须按规定佩戴防护用品。严禁风枪对准人。

（5）拆除模板，应划定禁行区，严禁行人通过。

7. 滑模施工安全控制要点

（1）爬（滑）模系统应专门设计，刚度、强度应满足施工要求。安全防护设施应符合高处作业的有关规定。

（2）液压系统顶升应保持同步、平稳。

（3）拆模应在混凝土强度达 2.5MPa 以上后实施。爬升时承载体受力处的强度应大于 15MPa。

（4）应经常检查、及时更换预埋爬锥配套螺栓。

（5）爬（滑）模不宜夜间升降。

8.预制构件安装作业安全控制要点

（1）装配式构件（梁、板）的安装，应制订安装方案，并建立统一的指挥系统。施工难度、危险性较大的作业项目应组织施工技术、指挥、作业人员进行培训。吊装作业所使用的起重设备应符合国家关于特种设备的安全规程，并进行严格管理。

（2）吊装作业应根据吊装构件的大小、重量，选择适宜的吊装方法和机具，不准超负荷。

（3）吊钩的中心线，必须通过吊体的重心，严禁倾斜吊卸构件。

（4）起吊大型及有突出边棱的构件时，应在钢丝绳与构件接触的拐角处设垫衬。

（5）单导梁、墩顶龙门架安装构件时，各节点应连接牢固，在桥跨中推进时，悬臂部分不得超过已拼好导梁全长的1/3；墩顶或临时墩顶导梁通过的导轮支座必须牢固可靠。导梁上的轨道必须平行等距铺设，墩顶龙门架使用托架托运时，托架两端应保持平衡稳定，行进速度应缓慢。龙门架顶横移轨道的两端应设置制动枕木。

（6）预制场采用千斤顶顶升构件装车及双导梁、桁梁安装构件时，千斤顶使用前，要做承载试验。构件进入落梁或其他装载工具横移到位时，应保持构件在落梁时的平衡稳定；顶升T梁、箱梁等大吨位构件时，必须在梁两端加设支撑。预制场和墩顶装载构件的滑移设备要有足够的强度和稳定性，牵引(或顶推)构件滑移时，施力要均匀；双导梁向前推进中，应保持两导梁同速进行。

（7）架桥机安装构件时，架桥机组拼、悬臂牵引中的平衡稳定及机具配备等，均应按设计要求进行；架桥机就位后，为保持前后支点的稳定，应用方木支垫。构件在架桥上纵、横向移动时，应平缓进行。

9.上部混凝土结构施工安全控制要点

（1）作业前，对机具设备及其拼装状态、防护设施等进行检查，主要机具应经过试运转。

（2）施工中，应随时检查支架和模板，发现异常状况应及时采取措施。支架、模板拆除，应按设计和施工的有关规定的拆除程序进行。

（3）就地浇筑水上的各类上部结构，要按照水上作业的安全规定进行施工、作业。

10.悬臂浇筑法施工安全控制要点

（1）施工前，应组织有关人员进行安全技术交底，制定安全技术措施。挂篮组拼后，要进行全面检查，并做静载试验。

（2）施工操作人员进入现场时，必须戴安全帽，高空作业人员要体检，有不适病症的人员严禁上岗，托架、挂篮上的施工遇6级以上大风应停止作业。

（3）施工托架、挂篮安装时必须先安装好走道、栏杆，所有的栏杆使用扣件或绑扎成围，并检查其安全可靠性，托架、挂篮作业平台边缘必须设场脚板，以防止台上杂物坠落伤人。

（4）预应力张拉现场内与该工作无关的人员严禁入内，张拉或退楔时，千斤顶后面不得站人，以防预应力筋拉断或锚具崩出。

（5）设立桥面临时护栏。为保证施工人员在高空处的作业安全，防止材料、机具等物体从已浇好的桥面上坠落伤人，在已浇筑过的梁段上焊制安装1.2m高度的桥面临时护栏，作业区范围内使用安全网封闭施工。

（6）夜间施工要有良好的照明设备，危险地段设危险标志和缓行标志，配备足够的交通值勤人员，组织好过往行人及车辆，确保人员车辆的安全。

（7）使用连接器的锚点和吊带，必须在精轧螺纹钢筋端头做好油漆记号，安装时要保证钢筋安装到位，一般伸入连接器内不少于8cm。

（8）一个挂篮主桁的后锚共需4根精轧螺纹钢筋，一个挂篮后锚总共需要8根精轧螺纹钢筋锚固，挂篮行走到位后要及时锚固好。

（9）顶升挂篮的千斤顶、提升挂篮的葫芦要确保完好，严禁超负荷工作。

（10）4根前吊带受力要均匀，在调整标高时，4根吊带就要调好，不能先调好2根之后在没有仪器监控的情况下调另外2根。

（11）挂篮行走时，要确保吊带、模板等与挂篮分离，并派专人观察行走是否正常，挂篮、模板与箱梁或其他物品是否发生摩擦、牵挂，发现行走异常应立即停止，查明原因处理后再开始行走。

（12）挂篮行走要缓慢进行，行走前要弹出纵向轴线，在轨道上划出行走控制刻度线，行走时两侧行程要保持一致，轴向正确。

（13）挂篮行走到一定位置后，要及时对腹板外侧、底板进行修饰、打磨，使混凝土外观一致，对轻微错台，用扁钻子剔平，不得随意涂抹，吊带孔也要及时封堵。

11. 滑移模架法施工安全控制要点

（1）采用顶推法施工，在墩台上也要有足够的工作面，以便更换滑道及留出安装支座的空间，并应验算在偏压情况下墩台结构的安全度。

（2）顶推施工所用的机具设备、材料在使用前，应全面检查、验收和试验。

（3）设计应提供主梁最大悬臂状态下允许挠度值及顶推各阶段的墩顶反力和顶推力，应换算为油压读数和允许的墩顶位移值，以便控制位移量。

（4）采用多点顶推或单点顶推，其动力均应有统一的控制手段，使其能达到同步、纠偏、灵活和安全可靠。

（5）上下桥墩和梁上作业时，应设置扶梯、围栏、悬挂安全网等安全防护设施。

（6）顶推施工中，应有统一的指挥信号。必要时，应备有便利的现场通信设备。

（7）用滑移模架法浇筑箱梁混凝土时模架支撑于钢箱梁上，其前后端桁架梁必须用优质高强螺栓连接好并拧紧。

（8）上岗作业必须穿防滑鞋、戴安全帽，拆卸底模人员必须挂好安全带。

12. 预应力张拉施工安全控制要点

（1）预应力钢束(钢丝束、钢绞线)张拉施工前，应检查张拉设备工具是否符合施工安全的要求。压力表应按规定周期进行检定。油泵开动时，进、回油速度与压力表指针升降保持一致，并平稳、均匀。

（2）后张法张拉时，应检查混凝土强度，必须达到设计要求强度后，方可进行张拉。

（3）钢束张拉应严格按规定程序进行。张拉作业中，应集中精力，仪表要看准，记录要准确无误；若出现异常现象(如油表振动剧烈，发生漏油，电机声音异常，发生断丝、滑丝等)，应立即停机进行检查。

（4）张拉钢束完毕，退销时，应采取安全防护措施，防止销子弹出伤人。张拉时和完毕后，对张拉施锚两侧均应妥善保护，不得压重物。

（5）先张法张拉施工，除遵守张拉作业一般安全规定外，先张法张拉台座结构应满足设计要求。张拉前，对台座、横梁及各种张拉设备、仪器等进行详细检查，合格后方可施工；先张法张拉中和未浇筑混凝土之前，周围不得站人和进行其他作业。浇筑混凝土时，严防振动。

13. 跨线桥及通道桥涵施工安全控制要点

（1）公路桥跨越铁路或其他线路时，施工前，应编制专门的安全施工组织设计或安全专项方案。

（2）公路桥跨越铁路或其他线路时，施工期间，特别是梁体吊装阶段，应在施工现场及两端足够远处适宜地点设置人员和通信设备。要避免在列车通过的情况下进行吊梁安装作业。

（3）对结构复杂、施工期较长的大型立交桥施工前，应编制专门的安全施工组织设计，确保不发生影响通车及坠物伤人事故；制定架梁吊装施工方案及安全技术措施，向作业人员进行安全技术交底和培训；配备通信设施，确保在紧急情况下能够妥善处理发生的事故。

14. 斜拉桥、悬索桥施工安全控制要点

（1）斜拉桥和悬索桥(吊桥)的索塔施工，属于高处或超高处作业，应根据结构、高度及施工工艺的不同情况，制定相应的专门的安全施工组织设计、安全作业指导书(操作细则)。

（2）索塔分节立模浇筑前，应搭好脚手架、扶梯、人行道及护栏。浇筑塔身混凝土，应按规定挂好减速漏斗及保险绳，漏斗上口应堵严，以防石子下落伤人。

（3）塔底与桥墩为铰接时，施工中必须将塔底临时固定。斜缆索全部安装并张拉完成后，方可撤除风缆并恢复铰接。

（4）施工期间，应与当地气象站建立联系，密切注意天气变化，大风、雷雨时，应立即停止作业。

（5）随着索塔升高，防雷电设施必须相应跟上，避雷系统未完善前，不得开工。

（6）缆索的制作与安装作业，应该做到：缆索施工时，不得撞伤锚头；缆索的防护层，不得有折损或磨伤；悬索桥的主索及斜拉桥的斜缆索，应进行破断试验，其破断力应满足设计要求；主索及斜缆索顶张拉时，应选择适当场地，埋设足够强度的地锚。对张拉设备，应严格检查，以确保安全。

（7）悬索桥施工中，临时架设的工作索、牵引索安装完毕后，应对索具、吊具等进行全面、仔细检查。

（8）悬索桥采取重力式锚碇时，对锚碇体的施工，应按照有关安全规定浇筑混凝土或砌体工程。锚碇体必须达到坚实牢固。

四、隧道工程施工的安全管理

（一）隧道工程施工的安全管理范围

隧道工程施工的安全管理范围包括隧道施工爆破作业的安全管理；隧道内运输的安全管理；隧道施工支护的安全管理；隧道施工衬砌的安全管理；隧道施工中通风、防尘、照明、排水以及防火、防瓦斯的安全管理等。

（二）隧道工程施工安全管理的一般要求

1.隧道施工前应开展安全风险评估，辨识施工过程中的主要危险源及危害因素，制定安全防护措施，并应根据工程建设条件、技术复杂程度、地质与环境条件、施工管理模式以及工程建设经验对隧道工程实施动态风险控制和跟踪处理。

2.隧道施工应按设计文件规定的施工方法制订施工方案，地质条件发生变化时，应及时进行设计变更。

3.压力容器操作人员应按照有关规定经专密机构培训，并应取得相应的从业资格。

4.施工现场布设应符合下列规定：

（1）临时设施的设置除应符合驻地和场站建设的有关规定外，还应避开高边坡、陡峭山体下方、深沟、河流、池塘边缘等区域。

（2）弃渣场地应设置在不易溃塌、不产生滑坡的安全地段，不得堵塞河流、泄洪通道。

（3）隧道内供风、供水、供气管线与供电线路应分别架设，照明和动力线路应分层架设。

（4）供电线路架设应遵循"高压在上、低压在下，干线在上、支线在下，动力线在上、照明线在下"的原则。110V 以下线路距地面不得小于 2m，380V 线路距地面不得小于 2.5m，6～10kV 线路距地面不得小于 3.5m。

5.隧道洞口管理应符合下列规定：

（1）隧道洞口应设专人负责进出人员登记及材料、设备与爆破器材进出隧道记录和安全监控等工作。

（2）隧道施工应建立洞内外通信联络系统。

（3）长、特长及高风险隧道施工应设置稳定可靠的视频监控系统、门禁系统和人员识别定位系统。

6. 隧道洞口与桥梁、路基等同一个工点有多个单位同时施工或洞内不同专业交叉作业时，应共同制定现场安全措施。

7. 隧道内施工不得使用以汽油为动力的机械设备。

8. 通风机、抽水机等隧道安全设备应配备备用设备。

9. 隧道内作业台车、台架应满足施工安全要求，高处作业安全防护设施应符合高处作业的相关规定。

10. 隧道洞口、开关箱、配电箱、台车、台架、仰拱开挖等危险区域应设置明显的警示标志。洞内施工设备均应设反光标识。

11. 隧道内应按要求配备消防器材。

12. 应根据危险源辨识情况编制隧道坍塌、突水突泥、触电、火灾、爆炸、窒息、有害气体等应急预案，并应配备相应的应急资源。

13. 高压富水隧道钻孔作业应采取防突水、突泥冲出的反推或拴锚等措施。

14. 不良地质隧道地段应遵循"早预报、预加固、弱爆破、短进尺、强支护、早封闭、勤量测、快衬砌"的原则施工。

15. 超前地质预报和监测方案应作为必要工序统一纳入施工组织管理。

16. 施工隧道内不得明火取暖。

17. 隧道内严禁存放汽油、柴油、煤油、变压器油、雷管、炸药等易燃易爆物品。

五、交通安全设施施工的安全管理

（一）交通安全设施一般规定

1. 在通车道路上施工或夜间作业时，应采取限速、导流及渠化等措施，交通指挥人员和上路作业人员应按规定穿着安全反光标志服或反光背心。

2. 机电工程，收费站、服务区、园林绿化等施工应符合相关行业标准的要求。

（二）护栏

1. 运货车辆未停稳，不得装、卸货物，立柱堆放应采取防止滚落的措施。
2. 打、压立柱的桩机应安设牢固、平稳。桩机移动时应注意避让地面沟槽、地上架空线路等障碍物。
3. 缆索放线架和线盘应放置稳固，放线架应配有制动设施。
4. 缆索架设作业时，张拉人员应站在张紧器与钢丝绳连接处的侧后方，张拉时紧邻张拉跨中间立柱两侧不得站人。
5. 波形梁板安装后应及时固定。
6. 高边坡、陡崖、沿溪线的现浇混凝土护栏施工，作业人员应采取防坠落的措施。
7. 安装桥梁金属护栏时，作业人员和未完全固定的构件应采取预防坠落的措施。

（三）交通标志

1. 基坑位于现场通道或居民区附近时，应沿边缘设立防护栏杆或围挡，夜间应加设红色警示灯。
2. 标志安装应符合下列规定：
（1）标志支撑结构的安装应在基础混凝土强度达到设计要求后进行。
（2）起重作业应符合起重吊装的有关规定。
（3）安装门架标志时，作业人员不得站在门架横梁上作业。
（4）高处作业宜使用液压升降机和车载式高空平台作业车。

（四）交通标线

1. 运输、存放标线涂料、溶剂应采取防火措施。
2. 热熔作业时，作业人员应穿着防护服，佩戴护目眼镜、防护手套和防有机气体口罩。
3. 热熔釜熔料时最大投料量不得超过缸体的4/5，热熔釜和漆料保温桶上方不得出现明火。
4. 喷涂水性涂料应采取防涂料飞溅的措施。

（五）隔离栅和桥梁护网

1. 隔离栅施工应符合下列规定：

（1）隔离栅安装作业人员应佩戴防穿刺手套。

（2）混凝土立柱和基础预制块件存放高度不得超过1.5m，且应码放整齐，不得滚落卸载。

2. 安装桥梁护网时，作业人员和未完全固定的构件应采取预防坠落的措施。

（六）防眩设施

运输、存放塑料防眩板应采取防火措施。

桥梁上下行空隙处安装防眩板应采取防坠落措施。

第五章　城市供水系统规划设计

第一节　供水管网的发展

一、供水管网的发展

城市供水管网将水厂生产的水输送到千家万户，是城市的血脉。随着我国经济的高速发展，我国的供水行业进行了深度改革，城市供水管网的规模越来越大，其管理工作的难度也日益加深。然而，中国是一个缺水的国家，中国人口众多，但可用的淡水资源却很少，中国是一个水资源十分匮乏的国家。输配水管网规划设计合理，将提高供水效益和社会效益。作为重要的基础设施之一的城市供水，与城市居民的生产生活密切相关。我国对管网管理的重视起步较晚，目前多以管材和破损记录为依据或结合工作人员经验和管线重要程度来确定待维修管线，缺乏科学有效的技术支撑。我国供水管网早期存在的形态是以支状管网为主，随着经济的快速发展、城市化进程的加快，大多数用户已经以自来水作为饮用水，这样发展下去，原有的供水系统远远不能满足未来城市的发展需要。而且支状管网（也称为树状管网）也是存在很大的不足，一旦有部分管线的漏失，就会造成大面积停水，因此支状管网慢慢地被环状管网所替代，逐渐构造了树状管网、不同环数的环状管网、供水压力变化、连通管段直径变化以及多水源供水等情况下的各种给水管网布局，结合水力计算进行了分析，得出了有助于供水管网的规划、设计和运行管理。然而树状管网的管段不存在能力冗余，也不会存在连通冗余，因为树状管网的水源仅仅存在一条输水的路径将水源输送到每一个需要的节点位置。环状管网具有连通性冗余，能力冗余取决于整体布局：在环状管网的基础环数逐渐增加的同时，其增加的连通管段就会受到一定的影响，进而产生局部效应，但是距离较远的部分管段由于距离问题其重要性是不会受到影响的；随着水源的增多和供水压力的增大，环状部分各管段的重要性有所下降，造成管网的能力冗余提高。

随着经济的不断发展，中国城市化建设速度的加快，新城区作为城市发展的产物，已经成为一个城市发展的标志和亮点。新城区建设的加快，也需要配套设施的不断完善，保障辖区内单位、居民生产、生活用水的需要，城区管网建设的步伐也在加快。新城区的供水管网的合理建设是为了满足人们生产和生活的需要，在改革开放的今天，在中国经济飞速发展的今天，城市规划建设脚步加快，人们的生产生活水平也随之提高，这对城市供水系统是一次重大考验。城市管网系统的发展，城市总体规划要求的不断完善，统筹规划、合理安排，在保证安全供水的原则下，尽量做到节省投资，以充分体现工程的社会效益、环境效益、经济效益。决定输配水系统的安全就应该充分考虑供水安全性和可靠性，以便于提高自动化控制水平。这是全国各地供水服务工作的目标，是城市建设的组成部分，是城市的地下管线，中国的经济发展之迅速，城市化进程之加快，旧城区的管线的老化，随之而来的就是对旧城区原有管线的改造，至此管网建设的弊病也慢慢地暴露出来，供水管线间的矛盾也会日益突出。城市管网建设规划，既要保障城市的供水安全，又要保证城市供水的大局稳定，防止供水管道爆裂等突发状况的发生。在我国现阶段城市给水管网建设中，因各项管理工作缺乏科学性和系统性，造成管网漏损的现象频繁出现，不但影响了城市的整体供水能力，而且有可能严重阻碍城市基础设施建设的发展步伐。在管网规划设计中，要防止上述管道漏损的出现，就必须选择合适的管材、适合的压力，保障供水安全。

二、给水管网基本理论

（一）给水管网组成

给水管网以经济合理、安全可靠为目标，为居民生活输送生活、生产用水和消防用水，并满足水量、水质和水压的要求，是城市和工矿企业的一个重要基础设施。给水管线与水源、水处理设施、泵站组成给水工程。一般情况下，给水

路桥工程管理与给排水规划设计

管网以区域为整体进行有组织的敷设,以经济合理的配送路径输送给用户。城市地下给水管网是一个庞大的系统,由输送水管段和各种节点构筑物构成。根据给水工作的原理,给水管网工作包括取水系统、净水系统和输配水系统,并用水泵联系。

1. 取水

为了保证区域用水量,需从天然水源中取水,建造适宜的取水构筑物。天然水源包括地表水和地下水两种。

2. 净水

水源中往往含有各种杂质,如地面水常含有泥沙、水槽腐殖质、溶解性气体、各种盐类、细菌和病原菌等;地下水常含有各种矿物质盐。由于居民用户对水质的要求,必须对水源进行净水工程才可输送给居民。对水质进行处理的各种构筑物是整个给水网络系统中的重点,这些构筑物担负着对水质进行处理的重任,必须经过这些节点的处理才能将合格的水输送给居民。

3. 输配水

天然水质经过净水处理后,需经过输配水工程才能将净化后的水源输送和发配给居民用户,并保证水压和水质。输配水系统是整个给水管网系统的核心,其主要组成包括送水管、配水管、泵站、水塔及其他节点设施。

输水管是连接水处理原站和配水管网的管段,其不直接服务终端用户,在布置输水管道时,如果是短时间可以切断给水或者区域内有出处水源提供给水的工程可只布置一条输水管,不满足以上条件的一般要布置两条或两条以上,条件允许时,输水管段最好沿现有道路进行布置,考虑到成本和工程可行性,要尽量避开山区、水域等条件困难的区域。就配水管网来看,其任务主要是为用户输送来自输水管的水,结合用水地区的地形,同时根据最大用水户分布情况,在场地规划的基础上展开布置。配水管网中包括干管与支管,前者主要向各分区输水,后者主要将水分配到用户。

对配水干管的路线进行规划时,要以距离最短且给水量最大为目标,在进行整体布局规划时,要把网路中用水量最大用户放在网络中的最前端,以此减小输水的距离和成本。

水塔是负责对给水原站中的水池容量进行调节的构筑物,其主要作用就是调节给水网络中的给水平衡,因给水技术等原因,给水在每日不同时间段的需求量不同，用户情况越复杂，变化的幅度就越大，这就出现了供需之间的矛盾。而水塔或高低水池可以调节整个给水网络中的水量：用水高峰时段，可将蓄水补充到管网之中；而在平峰时段，可将管网中超过需求量的水储存起来，以此起到调节管网中水量平衡的作用。

（二）场地给水系统

场地给水系统的布置要服从场地总体规划、水源地划分、地质地貌、施工条件、水质要求等。常见的几种形式如下：

1. 统一给水系统

区域内各类型用水如生活用水、园林用水、工业用水、市政用水、消防用水等都按照最高的水质标准，即生活用水对水质进行要求。该种类型管网布置使用统一的给水管网。

统一给水系统适用于新开发地块，如新型工业园区、开发区等。这种地块的特点是用户集中，对水质、水压及相关设施的要求较为统一，且场地地形与条件变化不大。

2. 分质给水系统

水源地的水经取水设施，不同的净化设施和传送系统送往对水质有不同需求的用户。这种系统的优点在于对水质需求不同的地区可以根据目标用户的需求调整，不用提升整个场地所需水的水质，由此大量节省净水费用。这种系统的缺点是管网复杂性提升带来的后期维护与管理费用的增多。

3. 分区给水系统

由于部分场地面积过大，地形及用户条件复杂，不得不按照用户需求和地形对不同的地区进行给水。这种给水系统的特点是每个系统都有自己的水处理及传输设施。这种系统的优点是安全冗余度较大，可以很好地调度不同区域间系统的水，对不同区域的水资源统一规划，统筹布置，很好地节约了管网的投资建设及后续升级维护费用。缺点是统筹管理各不同分区的给水系统对管理的要求较高。

4. 分压给水系统

这种系统的产生是由于不同高程的用户对给水系统的水压要求不同，由此从不同的水源地采用不同的水压向不同高程的用户给水。该系统多用于水源密布的丘陵地区。优点是减少加压设施的建设，对管网要求承载的压力降低，可以针对不同用户分期建设。缺点是管理较为困难。

5.重复使用给水系统

某些工业用水污染程度较低，可用作其他工艺工程的生产用水或可经处理后重复使用。该系统可大幅减少工业用水对水源地的需求。

6.循环给水系统

某些工艺流程中包含对水的处理程序，这些水经处理后循环用于生产，在循环过程中消耗的水量约为5%左右，由新鲜水进行补给。这种系统称为循环给水系统。

第二节 地理位置及周边环境

城市给水系统是城市生活的生命线，在人民生活中占有重要的地位，因此给水管网工程规划设计必须从整体出发，从全局出发全面考虑筹划。由此，城市区域的供水系统建设必须对该城区的具体情况有着深入的了解，根据城区的位置及规模，确定未来的发展方向，从而可以全面地考虑其供水管网设计的必要性和合理性，进而确保新城区的长远发展。

一、地形地貌概况的了解

城市供水系统规划设计需要对该地区地形地貌有一定的调查和了解。例如，项目工程所处的地理位置在哪里，经纬度是多少，与哪些区域毗邻，北面、西南面、东面相望抑或是相邻等。

（一）交通区位

城市区域位置主要包括：距离×××机场有多少km，距离×××港口有多少km，距离×××港有多少km，位置是否优越，公路是否四通八达，贯通境内的村级公路有多少km、乡级公路有多少km、县级公路有多少km及省级公路有多少km，除此之外还有多少专用公路，共计公路有多少km。

（二）人口、民族

城市内有多少人口、少数民族人口有多少，有多少个少数民族。

二、自然条件

（一）气候条件

城市气候条件对给排水规划设计与施工很重要，例如，平均海拔高度，全年日照时间，全年平均气温、平均湿度。具体来说，该地区几月最冷，该月的平均气温；几月最热，该月的平均气温、最高气温；全年无霜期为多少天，平均降水量，其降水期多集中在几月份。这些气候条件为给排水规划提供重要参数。

（二）地形地貌

地形地貌指的是城市是处于平原地带还是山地等地形，海拔高度范围是多少，城市哪些地方的地势低洼，该地区的地震基本烈度是怎样的。

（三）土壤与水文情况

在漫长的地质年代作用下，土壤中不断地覆盖了深厚的沉积物，这就构成了土质基础。土质种类主要有沼泽土、风沙土、盐土、水稻土和草甸土等。

水文情况调查：该地区水资源是否丰富，是否属于富水区，农业发展情况如何，其境内可以利用的地下水资源有多少，其境内的主要河流有哪些，其平均地下水埋深为多少，含水层平均厚度是多少，单个水井的出水量是多少。

（四）环境影响分析

城市应急供水工程给水管道的埋设对沿线的自然生态环境、农田、植被和园林树木等是否造成一定的影响，施工过程中的扬尘、施工机械尾气是否对周围环境和大气造成污染。对上述问题的分析，对施工有着重要的意义，因此花费时间做好这些方面的调查和分析非常值得。施工单位应落实环保措施，做到文明施工、有效防护。

三、施工环境特点

除了地理、自然环境外，施工环境也非常重要，直接影响到工程的正常进行。

作业面变化多。在施工安装中，作业面随时在变化，如安全防护和人的意识不能及时跟上，就有可能发生伤亡事故。

立体交叉作业多。多工种间互相配合，如管理不好，衔接不当，防护不严，就有可能造成互相伤害。

高处作业多。高处作业四面临空，操作条件差，危险因素多。

地下作业多。地下管道要进行大量的土石方工程，给施工增加了很多危险。

室外作业受气候影响多。如寒冷的天气，造成设备、材料冻坏，无法使用。

四、施工环境注意事项

施工现场应明确划分用火作业区、易燃可燃材料场、仓库区、易燃废品集中站和生活区等区域。

工地出入口和危险区内，应设置必要数量的灭火器、消防水桶、砂箱、铁铲、火钩等灭火工具，并指定专人管理和维护。

施工现场应有车辆出入通行道路，其宽度不小于3.5m。

所有电气设备和线路、照明灯应当经常检查，发现可能引起发热、火花、短路和绝缘层损坏等情况必须立即修理。冬季施工使用的电热器，须有安全使用技术资料，并经防火负责人同意。

对易燃物品、化学危险品和可燃液体要严格管理。施工现场、加工作业场所和材料堆放场内的易燃可燃杂物应及时进行清理或者运走，或堆放到指定地点。重要工程和高层建筑冬季施工用的绝热材料不得采用可燃材料。

各种生产、生活用火装置的移动和增减，应经工地负责人或指定的消防人员审查批准。

五、施工现场环保措施

在施工时，一些比较低洼的地区要进行暂时性的绿化，种植一些花草树木，并派专人对其进行挂牌管理，以此来保护环境和增加美观度。

在施工地点的外部区域要实行三包环境责任制，做到不将一些材料或者垃圾堆放到围栏边上。如果要暂时占用某一道路，要做到先进行申报和审批。在得到批准的区域，要严格遵守批准获得的范围、使用时间权限以及一些注意事项，不随意使用。避免污染施工地周围的水资源，做到不将废水直接排入市政雨水管网。

在施工时，要先将施工的规划和涉及的管线报给业主进行审批并征得同意，之后再进行施工。施工期间要设置专门的人员检查和检测管线是否受到破坏。不明管线先探明，不许蛮干。若在施工过程中发现有管线损坏的情况，应及时对其进行抢救，并报相关部门报备。

若在施工过程中发现有文物或类似文物的东西，应及时停工，采取一些保护措施进行暂时保护，并且通知相关部门进行处理，获得应允之后才可继续施工。

（一）生活区环境保护措施

在生活区域施工一般都是建造临时板房进行居住，其建造宗旨是少占地、生活便利、生产方便，整合安排，恰当选择地方，在征得当地居民和政府部门同意的基础之上进行，并积极配合相关部门的监督。

对于生活区域，在建造时要尽量做到集中，建造并完善一系列生活所需要使用的生活设施，并且严格按照相关部门提出的要求定时对其进行清理，减少对于环境的破坏。对于生活过程中的一些固体垃圾可以先进行集中堆放，然后送到规定的堆放点，以保持生活区域的环境干净。

对于临时生活区域的修建和拆除过程中产生的一系列固体废弃物，要运送到指定地方进行销毁。

（二）现有公用设施的保护措施

1. 对于那些由于施工受到影响的公共设施和物体，在施工期间应尽可能地对其进行保护。

2. 对于那些在公共设施周围进行开挖的作业，要提前通知有关部门派人进行监督和管理。

上述提到的各项要求和规则从制定之时就要严格执行。如果没有严格按照要求来施工，出现任何问题都需要施工单位自己承担，对于涉及的项目经理要根据问题的大小进行相应的处罚，对于施工单位的人员也要处以相应的经济处罚，对于问题非常严重的，还要承担刑事责任。

（三）施工中的环保措施

在硬化施工区域时，要按照一定的时间及时、定量进行洒水，尽可能地降低灰尘造成的污染，还要派专门人员对施工的地面和道路进行清理与打扫，以保证在施工时不会扬尘，下雨时不会出现泥泞。施工使用的机动车辆要尽量减少排放污染物，降低对空气的污染。施工区域尽量不要出现土地，避免土壤出现扬尘。

对于弃土，要将其运送到指定的场所进行处理，在此之前要进行一系列的防护工作，如在弃土区域植树造林进行绿化，并对弃土表面设置排水系统，尽可能地减少水土流失。

用于施工的一些材料，如石灰、水泥，应将其进行遮挡，避免出现扬尘。在运送水泥的过程中也要进行遮挡，避免出现扬尘。施工区域要勤打扫，避免由于刮风引起扬尘。对于那些可能会造成环境污染的固体废弃物，如废弃土、建筑材料、生产垃圾、废旧材料等，一定要将其运送到固定地点进行处理。在桥涵施工时，使用的工具和材料都不得乱放，也不可以向河道或者其他水池乱抛废弃物，更不可以破坏周边的绿色植被。

在夜晚施工时应该尽量降低噪声造成的污染，比如使用低噪声设备。在距离居民区一百六十米以内的一些项目，施工时要有一个时间区间。那些会产生高噪声的设备在夜晚施工时尽量不要使用，如果必须进行此项施工，施工之前要通知到居民，得到他们的谅解之后才可以施工。

对于那些会排放污染空气的尾气的设备，严禁使用。

在施工时，还应该做到对周边的水域和植被进行保护，施工车辆不得越界行驶，避免对路边植被造成破坏。

对于天气的变化情况要做到及时关注，提前对河道进行清淤和通畅工作，在路基建成之后要做好对路基的护坡工作，可以通过建造排水沟来进行。

（四）防止大气污染措施

1. 现场施工扬尘控制

相关部门应依据每一工程的性质和施工条件的不同，结合相关的法律法规制定相应的扬尘审核标准。在进行建筑施工时，使用的粉料应密封堆放或者遮挡堆放。对于搅拌机的使用也应该安装除尘装置来降低扬尘。如果遇到大风或者其他极端天气，应尽量停止作业，以保护环境和保证安全。

如果施工的场所在城市，其施工场所的主干道应进行硬化，并且要定期、及时地进行洒水和清理，避免出现扬尘。对于施工现场的土方应尽可能地进行覆盖或者固化存放，对于那些比较细小的材料要密封存放。在施工场所的出口处应设置冲洗车辆的设施，避免车辆带泥沙出去，造成污染。对于施工现场，砂石料的堆放应进行围挡并且遮挡，尽可能地将其密封保存。

2. 现场垃圾及清运扬尘的控制措施

对于施工现场的各种垃圾应采取不同的措施处理，对于垃圾站进行封闭设置，建筑内部垃圾要用袋装清理，定时将垃圾运送到固定地点进行分类处理，运送时，要对车辆进行遮挡或者洒水，在出口处还要进行冲洗，避免出现扬尘。

3. 废气排放控制

对于使用到的一些机械设备要定期进行维护和保养，以避免造成空气污染。如果在施工时要使用到茶炉、大灶，应尽可能地使用一些清洁能源。进入施工现场的车辆的尾气也应做到降低环境污染。

4. 有毒有害废气挥发的控制

施工过程中，如果需要使用到一些有毒、有害的材料，要在做到通风顺畅的同时避免污染到其他地区。在施工现场使用时，要做到用时打开，不用时尽量盖好，避免泄漏造成污染。

（五）防止噪声的措施

施工噪声主要是指在施工过程中产生的噪声，如施工车辆产生的、施工机器产生的。只有通过使用合适的机械设备才有利于降低噪声，比如尽可能地选用液压设备来代替振动设备，还可以采取一些辅助措施降低噪声。

及时、定期地对机械设备进行维护，降低噪声以达到环境保护的要求。

合理布置施工和生活区域。车辆驶入施工现场时尽量做到不鸣笛，避免产生噪声。

在一些特殊的区域，严禁夜间产生噪声，除非发生一些特殊情况，一些必须在夜晚施工的作业，应先在当地的环保部门进行报备。

1. 噪声排放标准

在一些特殊的区域施工时，所产生的噪声应尽量控制在标准范围内；如果是在野外作业，则需要严格按照行业标准实行。

2. 监测

对于那些不适合产生噪声的地方，应在施工之前做好调查和检测。

进行噪声监测，检测频次，相关部门应依据相关的法律法规实行。

检测途径：本组织监测或委托外部组织监测。

3. 噪声控制方案

对于那些严重超出标准的噪声源应从以下方面控制：

在声源上进行控制：选用那些不产生噪声或者产生的噪声比较少的装备；提高技术，尽量避免震动；加强设备润滑和维修保养。

在噪声传播途径上进行控制；在进行规划时就将安静的和吵闹的分开施工，降低噪声的干扰；对于那些低高频声源可以改变其传播的方向，避免对居民造成伤害；还可以使用一些隔声措施，减少噪声的传播和对周边的破坏。

4. 调整施工噪声分布时间

依据各个时间段对于噪声的标准之不同，合理规划施工的时间，避免给居民带来损害。特别是中考或者高考期间夜间不允许进行会产生噪声的作业，在夜间施工时，应尽可能地降低对居民的干扰。

六、防止施工场地水污染的措施

对于施工场所的生活废水要做到清水和污水分开处理，雨水和污水分开处理，对于施工场所产生的废油、废液要进行集中处理，防止其随意流淌，污染水源。

对于施工过程中产生的污水，在经过沉沙、隔油和沉淀等净化之后再进行排放。清洗机械和车辆的废水应排入三级沉淀净化池中，经过沉淀、净化、处理之后再进行再次使用或者用作他用。

对于食堂产生的废水应先经过隔油处理，然后再将其排入污水管道，施工、生活污水不允许排入农田或者其他水域。

在城市施工，产生的废水要经过检测并得到相关部门的许可之后才可排放。

在施工现场应修建化粪池用来排放生活污水，修建隔油池来排放食堂污水。这些都需要进行检测和定期清理。

七、防止径流污染的措施

通过源头控制技术如植草沟、雨水花园、下凹树池带等绿色雨水设施进行控制，降低径流污染；管网末端建设旋流沉砂池、格栅、前置塘、雨水塘、雨水湿地等末端集中控制措施，合理管控径流污染，让其能够实现海绵城市径流污染管控指标。

八、废弃物控制措施

（一）废弃物的分类

废弃物可分为办公垃圾废物以及建筑工程垃圾废物两类。

各大类又可分为能够循环使用的废弃物、不能够循环使用的废弃物、常规废弃物、有危害废弃物。

（二）废弃物的收集与存放

根据不同的种类分别安排堆放场所，并给出清晰的标志；专管部门需要对废弃物及时完成清运，通过分拣环节以后，按照品类分开存放。

（三）废弃物清理、存放及储运过程中的注意事项

废弃物必须进行严格划分，分门别类进行堆放或者清理。

废弃物聚集的时候不能产生太多的粉尘污染，场内运送必须使用封闭容器盛放。

针对容易撒漏的有危害成分的废弃物，在清运、堆放或者传输的时候，要把容器口盖好，避免倒放，防止撒漏，在清理的时候，要依据各自的特点配置对应的防护用具。

项目部要成立"废弃物管控登记台账"，台账包括品类、处置数量、处置途径、废弃物名称、处置时间等项目。

九、节能降耗控制措施

（一）能源管理要求

1. 能源计划

项目部根据现实具体状况以及施工生产排期给出详细的能源损耗标准，给出具体的年、季、月度的纸张、电、水等采购报表，提交给主管部门完成审批，然后按照计划标准执行。

2. 油库的管理

不同种类、牌号的燃油必须分门别类存储，并且给出明显的标识；存放位置必须在防雨、阴凉的地方，必要的时候可以底下垫上木板，桶装油必须配置胶圈，将桶盖盖好；油罐、管路、装置需要保证严密不漏，油滴必须经过沙土掩埋或者及时进行清理。

放置燃料的场所要配置防火装备并且有明显的防火标识，满足相关安全法规的要求。

（二）节能降耗控制

提高能耗装置的检修频率，定期进行保养维护，让装置一直保持在良好的运行状态，新购置或者改造的装置需要满足节能型并且能耗低的要求，关于国家明文指明的能耗高并且效率低的装置需要及时淘汰，严禁使用。

针对耗油装置，需要按照运行周期、使用里程给每台装置做好能耗登记，单机结算，对节约的人员给予奖励，对浪费的人员给予处罚，让装置真正实现高效率运转。

项目部安排专门人员管理水、电的使用。

办公室负责管理好水、纸张、电的损耗台账，定期检查，防止管理纰漏，并制定有关规章增强水、纸张、电等的管控。

对线路或者装置进行定期检修，避免出现滴漏等情况。

努力推进采用节能新工艺、新装置、新能源。

项目部在月底需要按照能源品类分别进行统计汇总，提交给上一级物资管理机构；物资管理机构完成审核以及数据的解析，然后视具体情况决定是否继续上报。

（三）能源消耗监督检查

项目部除完成常规的检修之外，每个季度还需要就能源损耗情况进行自查并记录。主要包括：

各类能源消耗是否超计划；

是否定期检验；

各种计量装置是否完整无损；

是否有别的企业或者内部员工家属免费使用能源的情况；

供、用双方是否存在不规范的计量情况，甚至估多的情况；

油、电以及水是否存在比较严重的浪费情况；

对能源损耗情况完成检验、分析，查明存在的问题，认真整顿，杜绝纰漏。

十、水土保持措施

在施工过程中需要维护好附近的植被不受损害，确保不影响耕地，防止由于施工管理不当导致的植被破坏，更不能随便砍伐周围的树木。

施工过程中挖出的土需要及时清运，不能随意倒入河流或者滩涂之上；针对开挖的岸堤及时采用合理的防护方案进行处置，避免河岸被冲刷，导致水土流失。对河水之中的垃圾进行及时的清理，定期对河道进行清淤，确保水流无阻。

按照支持地方建设的宗旨，采用永临结合的方式，针对施工便道的边坡植树、种草，安排排水沟，保证水土不流失。

针对路基进行施工的时候，要做到边挖边夯实。对于土方项目要避免在雨季进行施工，倘若必须在雨季施工，需要确保排水系统无阻，降低水土流失。由于施工改造导致自然排水不畅，需要采取必要的方式进行排水，避免由于冲刷导致的水土流失。尽早进行排水工程以及防护工程，保证周边的植被不受损害，避免水土流失。

施工结束之后，尽早完成现场清理，通过植被覆盖或者其他合理方式进行恢复。依照规定建设围栏，避免出现侵占农田或者堵塞通道的情况发生。

第三节　供水系统需水量预测及水源选择

水源选择对供水系统的建设是极其重要的。新城区建设对供水的需求和城市是一样的，供水系统的作用在人口和生产力高度集中的地区，尤其是水需求量最大、水问题集中、水管理最复杂的地方体现得最为突出。需要确定该地区的人口规模和供水规模，对该地区的需水量进行预测，进一步选择合适的水源。

供水管网的水源应选择在水量充沛的地方，可以满足该地区发展的近远期规划需求。水源的水质要好，保证开源节流，并协调好与该地区其他经济部门的关系。水厂厂址的选择，应在地质条件比较好的地方，通常选择在地下水位低、湿陷性等级低、岩石少、承载力大的底层地区，这样有利于施工，并可以降低施工预算。要尽量避免有洪水威胁的地点作为水厂，要是不可避免就必须在水厂施工过程中做好防洪措施。由于对水质的要求，水厂周围的环境也要充分考虑到卫生条件和安全条件，还应考虑到水厂的沉淀池位置，保证沉淀池中所沉淀出的物质便于排放。由于水厂运转需要充分的电力资源，所以在考虑其交通便利的同时，还应考虑周边的供电环境。除此之外，水厂的厂址选择还应考虑其所在地区的发展规划，为将来增加附件工艺和扩大水厂的规模留有一定的余地。当取水地点位于水厂附近时，水厂一般建在取水设施旁边；当取水地点远离水厂时，要么将水厂设置在取水设施附近，要么将水厂设置在用水区附近。

水源选择除了考虑水源的位置、经济效益等因素外，还应考虑到水源水质的安全，合适的水源选择后，要对水源水质进行余氯分析，以确保所选择的水源水质安全。

一、需水量预测的意义

城市需水量预测对于城市供水规划与设计具有极为重要的意义。城市的需水量为维护整个城市正常的物质循环、信息交换和能量流动提供着必需的水资源总量，是城市发展的血脉、人民生活的根基。然而，我国正处于经济发展的高速阶段，城市用水的需求量会随着城市基础设施的完善而不断上升，很多城市现有水资源和供水设施不能满足城市的用水量，供需矛盾的问题逐渐升级。合理准确地预测城市未来发展所需的水量，能够更加可靠地指导城市未来供水设施的建设，为解决面临的用水危机和经济可持续发展发挥重要的作用，因而需水量预测的研究一直是我国供水行业重要的课题。

二、需水量预测的原则

需水量预测要遵循供水与区域社会经济发展相适应；需要与可能相结合，保证重点，统筹兼顾；按不同分区、不同行业用水量区别对待等原则，推行科学用水、节约用水，保持水资源的可持续利用和发展。需水量的预测同时要考虑人民生活水平的提高对水环境质量的要求，并且根据规划水平年的人口、产值、发展状况等指标进行外延预测。科学合理的需水量预测是工程建设的重要依据。

三、用水量预测概述

给水管网系统运行控制决策要在控制行前提出，是基于实测或估测的系统状况和用水量的基础制定的。其可分为长期预测和短期预测，其中长期预测是根据城市经济的发展和人口的增长速度等诸多因素对未来几年、几十年甚至几百年后整个城市用水量预测，作为城市改扩建及整体规划的依据。短期预测是指根据过去几天或几十天内用水量的记录数据并考虑各影响因素对未来几个小时或一天用水量作出预测，为给水系统优化运行提供依据。

用水量预测的方法可以分为回归分析法和时间序列分析法。其中回归分析法可以使用现行回归模型、非线性回归模型和组合模型来分析；时间序列法分为自回归模型、滑动平均模型、自回归滑动平均模型、求和自回归滑动平均模型、指数平滑法、增长率统计分析法和混合预测法。

建立预测模型首先要用水量数据模式识别，识别时间序列的基本特征，包括平稳性、趋势、季节性、交变性和随机性等。数据的基本特征识别以后就可以采用相应的方法，选择相应的模型。其次是寻找模型的最佳参数，其目的是使总的误差平方和最小。最后要对模型的有效性进行检验，验证模型是否有效。

四、水源选择与水资源平衡研究

(一)水资源分析概述

合理地选择水源及科学地进行水资源分析论证是保障城镇供水安全的必要前提。水资源的供需平衡分析更是供水规划的关键技术点之一,如果本地的水资源不能满足该城市的需水量,则必须提出满足水资源平衡的对策。因此,应对城市水资源进行合理、科学的规划,倡导开源节流的思路,加强水资源的可持续利用。

首先,应做到统筹规划,保护城市水资源。积极进行水资源评价工作,以维持水资源生态平衡为原则,协调城市各类用水之间的矛盾为根本出发点,制定水资源利用、开发及保护的相关法律法规,为城市供水安全起到保护作用。

其次,降低水资源污染,限制地下水开采量。对于距离水源近的工业企业进行污水排放检测,严格加强工业企业污染排放管理。对于地下水的开采应严格控制,加强审查制度,保护地下水资源平衡。

最后,加强居民保护水资源及节水意识。加强宣传,鼓励采用生态节水型的农业、工业设备,对于严重用水超标的单位应加收水费;鼓励工业企业使用循环再生水,加强"一水多用,废水再用"的理念。增强全民的忧患意识,提倡节约生活用水,推广节水型卫生设备。

(二)水源选择的主要原则

水资源的分类:可供城市利用的水资源主要分为地表水源、地下水源以及其他水源等。地表水源主要包括江河湖泊、水库等。地下水源包括地下潜水、承压水、泉水等。其他水源包括海水、雨水、冰川等。城市的水源选择应根据水资源的分布情况合理规划,在满足水量的基础上,保障水质的达标以及供水安全的可靠性。水源选择是一个系统工程,一方面应考虑供水安全以及技术经济性,另一方面应考虑水源的水文、气象、地形、地质等一系列因素。总的来说应遵循以下原则:

1.选择水质良好、水量充足的水源。

2.选择满足城市高程、供水水压、尽量选择城市上游、满足减少能耗的原则。

3. 选择地势平坦，满足施工要求，方便建造取水构筑物的原则。
4. 选择不易发生地质灾害的水源地。

（三）水量可利用性

在水资源平衡分析中，水量的满足是保证城市供水最基本的因素。水源水量可利用性的分析直接影响着该水源是否能够作为城市供水水源的第一因素。一方面，水源的来水量应满足城市需水要求，另一方面要求再截留利用一部分水资源的同时不影响下游取水构筑物或用水的正常运作。水源地水量平衡示意图见图5-1。

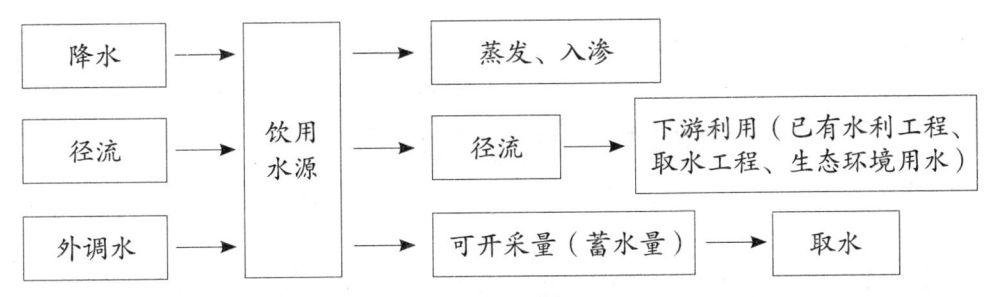

图 5-1 水源地水量平衡示意图

如果水源地过量开采，就会直接影响下游取水工程，造成水资源失衡，严重破坏生态环境，因此，水源地的水量分析非常重要。地表水状况分析一般用供水保证率以及水量来供比两个指标确定。所谓水量来供比为水源地来水量与城市供水量的比值。其指标分为三个等级，来供比值越大，说明水资源的可利用性越强，但其指标也应控制在一定的安全供水水量指标的基础上。供水保证率分为五个等级，一级供水保证率最高，水资源的可利用性高。地表水水源评价指标见表5-1。

表 5-1 地表水水源评价指标

评价指标	评价指数及标准				
	1	2	3	4	5
供水保证率(%)	≥97	≥95	≥90	≥85	<85
水量来供比(%)	>120		80~120		<80

五、调节构筑物在管网运行中的重要性

在给水系统中，调蓄构筑物具有贮水、调节管网流量和水压的重要作用。在用水需求较低的情况下蓄水，用水需求高的情况下作为水源防水，可以有效地保证用户水压的稳定和水量的满足。尤其是在高差较大的山地城市，由于地形的原因，管网成环的难度加大，使用供水管网的可靠性降低，在枯水期水量较低的情况下要达到较高的供水保证率，就必须保证水源具有充足的来水量。城市水库的建造不仅可以满足这一要求，还能起到防洪排涝的重要作用。因此，在水源地建设水库对于达到调蓄作用保障供水安全起到重要的作用。

第四节 供水管网的设计

近年来，我国城市化的水平不断提高，为了全面改善城市居民的生活水平，市政需要大量建造供水管网，以满足城市居民不断提升的供水需求。城市管网的建设有着不可估量的地位，供水系统作为城市的生命线和基础设施的存在，在城市的生产和生活中起着不可估量的作用。

供水管网的建设，要考虑到近期和远期的规划发展，考虑供水管网流量的分配，以确保城市居民可以正常用水。除了保证正常供水，管网的设计还应考虑供水安全，尤其是水质的安全。保障城市供水安全，维护管网水质，从分析供水管网水质安全影响因素入手，研究管网水质安全保障技术，旨在指导管网运行管理，同时为构建新时期饮用水安全保障体系提供技术支持。

一、管网设计的各项标准

（一）管网设计的原则

1.在城市总体规划要求指导下，统筹规划，合理安排；在保证安全供水的原则下，尽量做到节省投资，以充分体现工程的社会效益、环境效益、经济效益。

2. 充分考虑节能效益，根据输水管道所经过地形地貌的特点，合理布局，优化系统方案。

3. 输水工程系统设计力求管线布置科学合理，尽量减少管线的长度，在保证工程造价最低的同时，力求运行电费最省，并尽量减少中途提升泵站的数量。

4. 学习借鉴国内外相关工程的经验，根据水厂设备实际运行情况，做到设计造价合理、运行经济。

5. 在确定输水系统和管网系统存在方式和安全性的同时，要靠提高自动化的控制水准来保证供水的安全可靠。

6. 积极慎重采用新技术、新材料和新设备，做到技术先进，安全可靠，保证水质，经济合理，可操作性强，易于维护和管理，达到目前国内先进水平。

二、供水管网系统管材的选择

（一）管材选择的原则

该工程属于单线铺设工程，具有输水安全性要求高、流量大的特点。因此在管材选择上有着极高的要求，要在满足输水安全的前提要求下，本着施工方便、供货快捷、资金节约的原则，并结合与其相似的输水工程的管材使用情况，根据该地区的气候特点、地区地形和地质条件等选择适合的管材。另外，由于该工程多次穿越障碍，对管道强度要求也较高，应对各种管材综合比较后作出合理选择。

（二）各种管材的优缺点比较

城市供水管道线路复杂，供水管路传输水源距离长，管道材质的合理选择是很重要的。当今，供水工程普遍采用的输水管材大致有如下几种：PE管、UPVC管、预应力混凝土管、玻璃钢夹砂管、球墨铸铁管、钢管、钢塑复合管和PCCP管。

PE管材质为高密度聚乙烯，使用寿命50年以上，卫生性能良好，管材不含任何有毒的助剂。PE管内壁光滑，不易滋生细菌、化学稳定性能好、不易结垢、可靠性能高、维修率低、有很高的有韧性和强度，是一种新型的管材。其连接方式为热熔连接，其价格相对偏高，尤其是大口径的价格更高。

路桥工程管理与给排水规划设计

UPVC给水管材具有很高的耐酸碱性，不易被腐蚀，更不会生锈。其施工工艺简单、机械强度大。UPVC管道内壁也足够光滑，不会粘上水垢，其产品是无毒无害的，符合国家卫生标准和水质标准。但目前UPVC管材最大口径DN600，只能用于配水管网，还不能满足大型给水工程和输水管道的要求。

预应力钢筋砼管，不会使输水水质发生变化，内壁也不易结垢。其接口为胶圈接口，过水能力保持不变。缺点是管材的重量较大，并且有一定的脆性，故而怕摔怕砸，导致其运费高，破损率大，因此其价格相对于其他管材较低。

玻璃钢夹砂管是近些年发展起来的新型管材。主要优点为无须进行内外防腐，使用寿命长；重量低，下管方便；管件可灵活制作，连接方便。但该管材的刚度较低，价格较贵，管材的生产运输、管沟回填时需要严格的施工技术要求，必须制作符合标准的管道基础，回填时要进行分层夯实并对管道两侧进行回填。口径较大的管道在铺设时，其两侧都要有砂垫层，回填时，回填土中不应存在坚硬的物体，以免对玻璃钢管外层造成损害。其质量不好掌控，导致其供水安全无法保证。

离心球墨铸铁管是供水系统比较喜欢使用的管材，无论是国内还是国外的使用比例都在80%以上，在国外甚至可以达到85%以上。离心球墨铸铁管的铸造方式比较新颖，不同于传统的铸造方法，其铸造缺陷更少、组织更密集。早在20世纪50年代，球化处理工艺问世，造就了球墨铸铁的出现，而离心球墨铸铁管将这两种新兴的工艺有机地结合起来，它有着可以同钢管相媲美的机械新能，进而得到迅速的推广，并广泛地应用在各种管网行业的施工中。其主要优点有：球墨铸铁管具有钢管的性能、铁管的本质，其延伸率大于10，抗拉强度大于420MPa，硬度小于等于23HB。其抗拉、抗弯强度和弹性系数完全可以与钢管相媲美。球墨铸铁管内衬各种树脂材料和水泥，外喷锌涂沥青的内外防腐工艺，使得其防腐性能好，可以从根本上解决铁管和钢管所无法解决的防腐问题，在施工过程中，球墨铸铁管无须采取防腐措施便可从根本上杜绝水质的二次污染。球墨铸铁管在连接时采用压兰式机械接口+胶圈密封或干脆采用承插式接口，其接口处密封性好，具有延伸性，有较大的偏转角度，可以更好地吸收由于地基沉降而产生的应力，可以避免管道爆管破裂。在安装过程中，该管材的安装也是十分方便的，它不受天气的影响，更不需要多么复杂的工艺，其土方量相对较小，不需要技术工人的专业技术，安装省时又省力，大大节省了安装费用。

钢管可承受的内外压力较高，机械强度较好，其管件制作灵活，易于连接。其优点是不易漏水更不易爆管。其连接方式为焊接或法兰连接，施工工艺简单。但其易腐蚀，对供水的水质有一定的影响，所以在供水管道铺设前要做好其内外的防腐工作。一般防腐方式为三油两布或者四油三布。在内外防腐的同时，钢管还应采取一定的电化学防腐措施，只有这样才能保证其更高的安全可靠性，但这样一来其造价便会增加，小口径的钢管本身的价格也比其他管材的价格相对较高。防腐施工质量不容易控制，除非在特殊的情况下，小管径（DN800以下）钢管不建议使用，大管径时，钢管本身价格与其他管材造价相当，适合使用。

聚乙烯涂塑钢管简称钢塑管，是涂塑钢管的一种，是传统镀锌管的升级型产品，它是以钢管为基材，涂覆塑性材料，因而不但保持了钢管的高强韧性，还具有较高的耐压、耐冲击、抗破裂等特性，有较强的土壤静荷载及地面动荷载承载能力。和传统的镀锌管、铸铁管相比，更为安全可靠、环保。钢塑管的安装复杂，生产成本偏高，适用于对管道安全性要求较高及穿越障碍，如铁路、公路、河流等时使用。

PCCP采用的是一种更为先进的、应用范围逐步推广的管材，主要靠压力输送介质。PCCP作为一种复合管，不仅经久耐腐，而且具有混凝土压力管的刚性，还具备钢管的承压能力，其安全性能好，这也是能够代表大口径管材发展方向的原因。PCCP可与其他各种管型接口，如钢管、混凝土管及各种法兰和堵头；接头用钢制接口环和橡胶圈，密封性能好，无漏水现象；正常运行下，管内不会结瘤，水流畅通；其缺点是管道重量大，运输费用较高，施工安装不方便等，且小口径管材较少。

（三）各种管材的经济技术比较

根据上述管材性能的比较，结合本工程的水质、供水特点、泵站出口压力和长距离输水的特点，确保电厂生产用水安全可靠，初步选用PE管、玻璃钢夹砂管、钢管、球墨铸铁管、聚乙烯涂覆钢管进行经济技术比较。

（四）供水管网系统管材的确定

通过上述技术分析比较，PE管n值低，水力条件好，防腐好，但造价略高；钢管虽然输水保障率较高，但采用钢管将提高内防腐的标准，实际防腐施工时的质量也不易控制，若内防腐采用水泥砂浆喷涂，可以满足供水要求，但施工麻烦，投资大；玻璃钢夹砂管n值低，造价低，但供水安全性相对较低；球墨铸铁管承压高，防腐性好，造价适中；钢塑管n值低，水力条件好，防腐好，造价高。因此本工程管材拟选用球墨铸铁管。

高密度聚乙烯（PE）管较多应用于中小口径管道，球墨铸铁管较多应用于大口径管道，钢管的使用地点相对较少，通常情况下在水压高处和管径大的地方会因地制宜地选择钢管，或者在地形限制或穿越铁路、河流等处会使用到钢管。

玻璃钢夹砂管的耐腐蚀性能好，安全性高，质量轻便，但是抗压能力较差而且价格偏高，所以不宜选用。结合当地实际情况，本工程给水管道管径＜DN500mm采用高密度聚乙烯（PE）管，给水管道管径≥DN500mm采用球墨铸铁管，为安装连接及穿越障碍物需要，局部采用钢管。

（五）供水管网系统管道附属设施

设计时考虑输水的安全性，在输水管道上的隆起点以及倒虹管路上、下游两侧，需要设置排气阀和进气阀，这样可以将管道内的空气及时排除，使管道内不发生气阻现象，同时在发生水锤效应和放空管道时及时引入空气，进而防止管道内负压的产生，保证管道可以正常运行。平直管段平均1km设置1个进气阀和排气阀。

泄水阀应设置在管道的低凹地带，并直接接入低洼或者河沟处。当水流不能自然排除的时候应设置集水井，并用提水器具将集水井处多余的水排除。泄水管也应设置在低凹地带，其管径要求一般为其输水管道的1/3。工程设计大约2～3km设置1个DN300泄水阀。

阀门是用来调度输水管道中水流的流向和流量的，是输水管道的重要组成设备之一。事故发生时，阀门起到紧急抢修、迅速隔离事故管段的作用。阀门采用地下蝶阀，本工程设计大约2～3km设置1个蝶阀。

三、输水管道方案的确定

（一）输水管道定线原则

输水管道定线就是选择并确定输水管线线路的走向和具体位置。输水管道定线时，必须考虑供水安全、施工安全、节约劳动力，选线时采取就近原则，要符合城市规划并沿街定线，这样便于施工和检查维修。输水管线的铺设应少占农田，并减少与公路、铁路、河流的交会。其管线要避免穿越高地下水位、河水淹没与冲刷地区，还应避免穿越滑坡、岩层、沼泽和沉陷区，这样便于管理并降低成本。对方案进行经济技术分析，进而确定管道的管径、长度和走向。

（二）输水管道单双管确定

输水管道可选择单管铺设也可以选择双管铺设，为保证供水安全可靠，一般要设置两条或两条以上的输水管。如果输水管线较长且较复杂，就应该选择两条或两条以上的输水管线。相反，如果输水管线较短且比较简单，就可以选择单管铺设。

1. 输水管道埋深设计

综合考虑输水管道的防冻深度和安全的各项要求，管道的覆土厚度是随着其穿越障碍的要求、管道的局部水头损失和地形变化、冻土深度而进行相应变化的。

2. 输水管道附属设施设计

（1）分段阀门

管路上安装分段阀门是为保证充足的充水时间而设，除此之外还可以在事故发生时保证在抢修过程中缩短泄水时间，减少弃水现象的发生。阀门口径与管道尺寸相同，阀门采用型号为 GD341X-10 的地下蝶阀，数量为 4 个。

（2）松套传力接头

传力接头是通过螺栓将分段阀门与管道连接在一起使其成为一个完整的整体，是分段阀门与管道相连接的必要手段。其有一定的位移，可根据实际情况进行部分调整，使其在工作时可以将沿管道轴线的推力送达整个供水管道中，进而可以对管道上所安装的阀门起到一定的保护作用。工程设计采用型单法兰松套传力接头，与阀门共同设于阀门井内，数量为 3 个。

（3）排（泄）水阀

为了保证在管路进行事故抢修时能将管道中的水迅速排出，在管道的适当低处设置必要的排（泄）水阀门。阀门口径根据排水量和排水压力，采用 DN200 闸阀，间隔 2～3km 设置 1 个泄水阀。设计时尽量考虑泄水管直接接至道路排水井中，泄水时自流排出。阀门型号为Z45T，数量为1个。

（4）进、排气阀设计

管道内气体多产生于管道充水前和管道事故维修后。而进、排气阀就是为了排除管道内的气体而设置的，其作用是保证管道可以正常使用，防止爆管。因此在管道的适当位置必须设置排气阀门。

进、排气阀的设计安装位置，除了在管路的所有高点外，还在平直管段每隔约1km设置一个，进、排气阀的口径为DN80，数量为7个。

（5）防水锤设计

水锤也称为水击，是供水管网在输送水的过程中，因为水泵的突然停止、阀门的突然关闭或开启、导叶的骤然启闭而导致水流的流速发生突变，进而使管道压强产生大幅度波动的一种现象。由于管壁光滑，后续水流在惯性的作用下水力的速度达到最大并且产生一定的破坏作用，这就是水力学当中的水锤效应，也就是正水锤；相反则称为负水锤。由于水锤所产生的影响，因此在输水系统设计时应考虑水锤压力的影响。在输水管道中通常发生的多为瞬间关闭管道末端阀门而引起的水锤压力，如线路阀门、排污阀门等关闭均能引起管道水锤。如不采取消除水锤措施，管路系统中水锤压力过高，超过管道及附件的实验压力时则会引起管道及附件的破坏。同时，管道中一些高点由于距供水压力线较近，平时压力较小，一旦出现供水中断很可能会出现"水柱拉断"，此时管线可能会受到负压及随后高压的影响，从而产生管道失稳而破坏。

（三）输水管道巡查和维护

为了维持输水管道的正常输水能力，保证安全供水，降低运行管理费用，必须在管道投产后做好日常的养护管理工作，精心维护、科学管理，根据生产用水的需要及时调整，最大限度地发挥输水能力，经济合理地完成供水任务。

管道巡查是加强输水管道运行管理的一项日常工作，是预防管道故障的积极措施，这项工作应由专人周期性检查。工作要点如下。

1.掌握管道现状及长期运行状况。培训职工掌握检修操作规程，避免由于操作不当所引起的事故发生。

2.沿输水管道应设桩点，标上明显标记，查看输水管道、阀门井、排气阀、泄水阀等有无被埋压被挖损的情况，特别对道路翻修、基本建设施工的区域应密切配合。

3. 安装于套管内的管道是否完好，有无漏水现象。

4. 通过管道的巡查可以对输水管资料进行校核、修补，这也是完善输水管道资料的重要途径。

5. 由于地貌的变迁，埋于地下的管道不易找到，可借助电子探管设备寻找管位，确定埋深。

四、配水管网方案的确定

配水管网是给水系统中将自来水输送给用户的设施，由水管、水塔、加压泵站和附属设施等组成。

（一）配水管网设计原则

配水管网是城市建设的基础设施，无论是在国内还是在国外都是一定的，配水管网在城市中发挥着重要作用，是城市重要的基础设施之一。配水管网兼顾发展、投资适宜、供水可靠的原则，其供水系统主要采用环状管网，部分地段采用支状管网，这样环状与支状相结合的设计足以保证供水系统的完整。

供水管网应沿着现有管网及规划的道路布置，采用环状管网向用户供水，当任何一段管道发生故障时，仍能通过 70% 的设计水量，保证安全供水。在此基础上，配水管网设计应遵循以下原则。

1. 充分结合城市总体规划，合理设计生活用水水量。

2. 系统的设计应从实际出发，通过对其进行经济技术的综合考虑来进行规划，并考虑其地形、水源、用水需求等。

3. 结合城市给水管道现状及城市总体规划，分近远期设计给水管网。

4. 生活给水管道干管布置在两侧均有较大用水的道路上，以减小配水支管的数量。

5. 结合规划道路布置给水管道，尽量与道路同期施工。

（二）配水管网设计

管线布置合理，采用较短的距离来铺设管线以降低成本，也可提升供水的可靠性和安全性。对于给水干管采用环状布置，当任意管道产生漏损时，可就近关闭阀门使其与其他管线隔离，这样便于检修，水可以从另一管段输送至用户，避免对用户用水造成影响，进而缩小断水面积，加大供水的可靠性。环状管网也可以减少水锤效应产生的影响。在干管与支管分接处设置阀门，在干管上一般每隔 400~600m 设置一个阀门，阀门间距不应隔断五个以上消火栓。管线最高处易积存空气，安装排气阀，管道最低处设泄水阀，泄水入雨水管道，以便检修时放空存水，同时增设测流和测压井等设施。消防与生活给水共享一条管道，采用消防进行校核，经计算满足消防时流量的同时能保证最高日最高时有 70% 用水量通过。为满足消防要求，在该管道上每隔 90~120m 之间会加设一个地下式消火栓，其管径不应小于 DN200 并且要满足消防的要求，在与消火栓相连接的管道上设置蝶阀。消火栓的设计宜在人行道上，距离机动车道应不大于 2m，距离建筑物应达到 5m 以上，使消防车易于驶近。管径大于 DN400 的给水管道，每个管件及管道转弯处均做管道支墩。

给水管道过河：如果河底标高低于管道且不能满足镫土要求，给水管道需做下弯处理。供水管线在穿越繁忙的交通道路时，应设置混凝土套管，套管的直径根据实际情况而定，其具体要求是：大开挖施工的情况下其套管管径应该比给水管的管径大 300mm，在顶管施工的情况下套管的管径应比给水管的管径大 600mm。穿越公路的时候应采取满撼砂处理，水管的灌顶应在公路的结构层以下 1.5m 左右的位置。

五、管网平差

供水管网设计的好坏，决定着城区未来的发展，供水管网功能决定城市未来发展，这就意味着管网设计是否合理对城市的未来的发展起着决定性作用。管网设计的合理化可以通过平差来计算。管道平差是对每个管段的流量进行重新分配，直到可满足两个方程组的水力计算过程。管网平差为管道的设计规划、扩建、改造提供最合理化的方案，可以科学地指导管网测流、测压和水质监测点，可以优化各监测点的位置。经过对管道的平差计算，可以模拟管道运行的工作状况，进而制定更为合理、经济和科学的调度方案，找到阀门季节性开度的经济状况。

六、管网压力的确定

管网压力是在保障供水正常的前提之下，通过对管道加装部分调压设备，根据各个时段用水量的变化来调节管道压力，使其可以在最好的条件下运行。管网压力管理是减少供水管网漏损最为快速、有效的主动控漏方法，必须选择合适的管网压力并做好压力管理。

目前城区给水管网的压力虽然在一般情况下能够满足用水需求，但到夏季用水高峰时，随着用水量的增加，再加上工业区部分管网为支状管网，压力稍有增高，便容易发生管道破裂、跑水，造成水量减少，从而影响居民正常生活用水和企业生产用水。随着城市供水管网规模的扩大，漏损管理越来越受到重视。由于管道压力的增大而造成的管道漏损情况逐渐显现出来，因此在配水管网设计的时候，应长远考虑，选择适合的管道压力值，确保管道的使用寿命，进而减少未来管道漏损情况的发生。

第六章　城市排水系统设计

第一节　下穿立交道路地表排水系统设计

一、城市道路下穿立交桥概述及特点

下穿式立交，是当两条道路交会时，为避免相互干扰，将其中一条道路的高度降低 2～8m，从而可以穿过另一条道路的下方，实现空间上的多维化，充分利用空间上的维度，大幅度节约占地面积。城市下穿式立交可以分为互通式和非互通式，一般城区道路与道路的交叉互通为互通式，而铁路与城区的交叉为非互通式。因下穿式立交占地面积小，具有对周围环境影响较小且不影响城市美观等优点，故主要建设在城市车辆交会流量大、用地紧张的交通要道，从而实现现代化道路设施建设。

此外，下穿式立交桥引道部分长度仅占上跨式立交的三分之二，使工程的造价降低，在建设过程中对噪声的控制也相对容易。另外，在下穿式立交桥上过往车辆交叉而行，增大车流量的同时也增加了交通安全度。就目前统计，在我国，下穿式立交桥的数量在已建成的立交桥中占比高达四分之三，这也充分地说明下穿式立交桥符合当代社会的发展需求。但是在暴雨时期，下穿式立交道路最低点极易迅速形成积水，这一重大弊端制约着下穿式立交道路的发展。

二、城市道路下穿立交排水系统特点

立交排水系统是道路立体交通不可或缺的一部分，是立体交通能否高效运行

的决定性因素之一。立交排水系统主要包括：上跨桥面排水、道路路面排水、下穿式道路地表排水、下穿式道路下排水及立交绿化区域排水等五大方面。根据往年暴雨发生时的城市内涝状况分析，下穿式道路排水是整个立交排水系统中至关重要同时也是最复杂的环节。

在理想状态下，下穿式立交排水系统的作用是在降雨甚至是暴雨时，有能力将立交区域服务范围内收集的雨水排除，保障城市道路安全顺畅高效地运行。但是一般来说，城市下穿式立交道路两边的引道纵坡坡度很大，下穿段标高比正常路面低 7~8m，在下雨天，引道处的雨水快速汇集，所以最低点几乎是逢水就涝。而现阶段立交排水的设计标准虽然普遍高于常规排水设计，但是已经难以满足下穿道排水的需求。

由于下穿式立交通常设置在城市道路咽喉部位，道路上车辆多、速度快，加大了对后期排水系统设施养护和管理的困难及成本。此外，下穿式立交周边的道路标高往往高于下穿式立交道路本身，容易造成地势相对较高的雨水流入地势低的区域，导致低区的雨水还未排除，高区的雨水相继涌入，增大排水难度，所以采取防止高区的雨水流入低区的措施很有必要。

当下穿式立交路段最低点在地下水位以下时，地下水就会渗透进下穿地道。若不及时采取措施，长期在水中浸泡的路基则会软化，路面遭到破坏。因此，地道结构设计应有可靠的防水排水措施，避免路基和路面遭到破坏。

三、城市下穿道路立交排水系统设计方法及原则

（一）下穿立交排水方式

在选择排水方式前，应优先考虑排水的安全性、可靠性、施工是否方便，在满足质量的前提下造价是否低廉等因素，最后综合性地考虑以上因素来确定下穿立交排水的方式。

下穿式立交排水方式可分为以下三种：重力排水、调蓄排水及泵站强制抽排，也可以采取两两组合的方式或三种组合的方式。在设计过程中，应根据工程的实际需要，多方面考虑后选择最适合的方式。

（二）下穿立交排水的适用范围

下穿道路的地面径流能够通过重力排出，则采取重力排出，若无法自流排出，需要增设泵站。

1. 重力排水

当下穿立交道路的最低点标高高于市政排水管网或高于附近的河流、自然水体或沟渠时，则优先采用重力（自流）排水将雨水排除。这种排水方式不使用电力，也不需专门的人员监管，是三种方式当中最经济可靠的一种排水方式。因此，在下穿立交排水系统设计过程中，一般优先考虑重力排水（自流排水）的方式。

在设计时，应当充分考虑市政管道的排水能力进行计算。若不能满足不利情况下的雨水量，应增大管道的直径，增大排水的能力，严格核准市政管道标高等，防止暴雨时出现雨水倒灌的现象。

2. 调蓄排水

从功能上区分，调蓄池可分为两种类型：一种是拦截存留污水管道溢流出来的污废水和污染性较大的初始雨水。这个时期的雨水由于囊括了空气中的酸性气体，如二氧化硫、三氧化硫等气体，还有燃油交通工具等排出的污染性气体，而且雨水落地后直接携带地面上的杂质，使得初始雨水掺杂着许多有机物、病菌和固体杂质等，所以对于进入下穿立交道路的初期雨水的收集是不可避免的。另一种是当雨水量超过设计重现期时，暂时留存径流的高峰流量，待停雨或雨量减小时，再将存留的雨水进行利用。这样既可以减小下游管道和河道的排水压力，也可以保障排水系统的安全和高效运行，在此基础上，还能节约水资源。

当下穿桥下路面的地形为较深的盆地、管道或水位高于桥下最低点、雨水量较大重力排水无法全部及时排出时，可以先将雨水流量引进雨水调蓄池暂时贮存，避开雨水洪峰时期，待雨水量降低或停雨后，即水体高度回落后，再通过重力排水的方式将雨水排出。但下穿式立交道路一般位于城市道路中重要的交通线路，必须核验调蓄池容积的大小，且最大不宜超过 $1000m^3$。另外，根据实际工程选择合适的位置布置蓄水池，使下穿立交道路的雨水管道的雨水流入蓄水池，并且蓄水池能够接入市政干管或附近河道排出。由于用地受限且日常管理费用较高等原因，所以在我国前期使用的范围较小。而在德国、丹麦、日本等国家，雨水调蓄池已经被广泛地实践。近些年来，我国对于雨水调蓄池的应用也日趋成熟。

3. 泵站强制抽排

当城市下穿立交道路的雨水不能通过重力排水或重力排水能力不足，并且附近也无适合修建调蓄池的地方或排水效率不高时，可以通过泵站强制抽升排水。雨水泵站通常被置于给排水管道系统以及一些无法自流排水的城市道路，从而将城市雨水顺利排除，因此立交雨水泵站在排除雨水当中显得尤为重要。虽然立交雨水泵站的规模相对于城市雨水系统泵站小，但这并不意味着对其技术要求不高。相反，我们需要结合实际工程精准地确定泵站的位置、泵房形式、泵的类型，并且完善运行维护管理。

泵站能否最优运行，能否将雨水顺畅地排除，能否减少工作人员的投入达到高程度的自动化，能否降低管理成本将是本书需要着重研究分析的问题。综上所列的排水方式中，我们应根据安全、可靠、经济等原则来选择最优的排水方式，设计出最优的排水系统。

（三）设计规范原则

城市立交雨水排水系统的主要任务是排除雨天形成的地表径流和影响立交道路的地表水。一般情况下，不考虑降雪的影响，但针对少数有特别大量的降雪情况，应就其雪融流量进行校核。

虽然下穿立交雨水排水系统设计与城市雨水排水系统设计原理相同，但是由于下穿立交雨水排水的特殊性，即保证下穿式立交范围内的雨水能够快速排除，防止下穿道最低点形成积水的现象发生，在设计过程中应遵循以下原则。

1. 对雨水进行分区排水，下穿式立交桥应分区排水，也就是应采取方法措施阻止高区雨水进入低区并尽可能降低低处的排水压力。各排水系统之间应保持隔离，不应相互联通。

2. 应综合考虑道路路面材质、粗糙度、道路坡长、坡度等因素，并且通过计算确定地面集水时间，一般在 2 ~ 10min。

3. 下穿道路内的雨水尽可能用重力排水，不能重力排除的，则设置泵站抽升，但应尽量减小泵站的汇水面积。由于泵站在下穿道最低点，容易在暴雨时被淹没，因此在设计时，还需要着重注意其安全性。

四、城市下穿道路排水系统关键参数设计

（一）雨水量计算方法

1. 重现期

设计重现期是雨水管渠设计的关键指标，在某个特定的统计期内，等于或大于某暴雨强度的降雨每发生一次的平均间隔时间。规定雨水管渠设计重现期的选择应根据汇水地区性质、地形特点、城镇类型、气候等因素经技术经济比较后确定。

强调设计重现期应根据汇水地区性质等因素确定，而汇水地区性质是指各个使用功能不一样的区域，如大型广场、主次干道、工业区和居住区。这就意味着设计重现期的设定主要由雨水管渠地面上的建筑物的性质决定，并不取决于雨水管渠的自然属性和等级。由于过去我国社会经济发展较为落后，重现期的设计标准较低，并且近年来，极端天气频发导致城市内涝、山体滑坡也是频频发生，重现期的设计标准明显已经不能满足现今社会经济的发展。

虽然我国目前的重现期设计标准相较于发达国家与地区还相对落后，但重现期设计标准的提高要符合我国社会经济的发展。重现期设计得越大，雨水设计流量就越大，雨水管渠断面越大，排水能力越强，发生内涝的可能性就越小，与此同时，所需的工程造价也会越多，不符合经济效益；反之，如果为了削减工程造价的投入，而一味降低设计重现期的标准，很可能造成排水系统排水不畅，地面形成积水。因此，重现期设计标准的提高是逐渐提升的过程。

2. 径流系数

径流系数是表征降雨和径流关系的重要参数。同济大学严煦世和刘遂庆教授主编的第二版《给水排水管网系统教材》对径流系数的定义是：地面径流量与总降雨量的比值称为径流系数 Ψ，也就是同一时段内径流深度与降水深度的比值径流系数小于 1。地面径流的定义是：降落在地面上的雨水在地面流动的过程中，一部分雨水被土壤、地上灌木、植被、洼地或地面间隙拦截，剩余的雨水继续沿地面坡度流行，这一部分没有被拦截下来继续流动的雨水称为地面径流。

雨量径流系数反映的是：降雨时，某一区域内径流量与雨水量的比值，通常用于估测某一水面单位面积产生的平均径流量。流量径流系数表征的是：同一水面积内，某一时刻实际径流量与该时刻理论径流量的比值。而据唐宁远、车伍及

潘国庆等人的研究，雨水径流量系数又分为瞬时雨量径流系数、场（此）次雨量径流系数以及年均雨量径流系数。

3. 场（次）余量径流系数

场（次）雨量径流系数表征的是某一场降雨中地表径流量与全部的降雨量之比。

年均雨量径流系数表征的是一年中所有雨水形成的降雨径流厚度与年降雨厚度的比值，是一个渐进累计的结果。

刚开始降雨时，有部分雨水会被植物拦截，而且由于地面比较干燥，雨水的渗水量大，初期降雨量小于地面渗水量，剩下部分的雨水将全部渗入地面。随着降雨时间的累积，降雨强度增大，降雨量渐渐大于地面渗水量，在地面开始积水并产生地面径流。当降雨强度到达顶峰时，地面径流量增长速度最快。降雨强度渐渐削弱后，地面径流量会随着降雨强度的减小而减小，降雨强度与入渗率相等时，不再产生多余径流，此时地面仍有积水，即仍存在地面径流，直到地面积水蒸发或流入雨水收集设施中，径流才结束。地表汇流在整个降雨过程中呈现的规律是：随着降雨量的损失先减小，后增大，然后再逐渐减小。

现今，伴随着气候变化，国家气象部门有关降雨量的纪录一次次地被刷新。加之城市化的快速前进，林立的高楼大厦的屋顶、沥青混凝土路面、小区广场等不透水面积大幅增加，导致径流总量增多，雨水蒸发量少，城市径流效应随之而来。城市径流效应体现在：大面积的不透水材料取代了透水材料，导致地面径流系数增大、初期产流时间变短、径流时间延长、径流峰值增长以及径流总量增大。

由于径流系数的取值受降雨过程、地面覆盖物透水性质、地面坡度、建（构）筑物密集程度以及地面先前湿润状况等综合因素的影响，所以径流系数精确取值是一个比较复杂的过程。通常对于径流系数的取值，采用经验取值的方法。一般根据城市具体位置的降雨量纪录，道路硬化面积的数量，地面覆盖种类等确定，但是城市中汇水区域地面覆盖物种类是多样化的，各覆盖物种类所占比例不同，结果就是径流系数取值不同。

在城市下穿立交道路路面，其汇水面积一般选用的是沥青或者混凝土路面，所以其径流系数取值较大，排数系统设计标准要相应提高。

路桥工程管理与给排水规划设计

4. 汇水面积

利用泵站排水，必须确定合适的汇水面积，在能够自流排水时，将自流排水的范围最大化。遵循"低水低排，高水高排"原则和就近原则，并且在雨水能有效及时排除的情况下，尽可能地缩小汇水面积的范围。城市下穿立交道路的汇水面积通常包括引道、坡道、绿地等，但是由于过去的经济社会发展较为落后，汇水面积的划分往往是通过目测估计和人工粗略划分。此类划分方法得出的汇水面积粗略不精确，汇水面积过大，造成资源经济的浪费；汇水面积过小，汇水能力不足，不能及时将雨水汇流到泵站，导致积水，城市下穿道路尤为严重。

（二）地表雨水收集系统

城市下穿立交道路雨水排水系统分为雨水收集系统和雨水泵站。

地面雨水收集设施主要是用来收集流至其服务范围内的雨水然后引流到集水池中。在设计过程中要确定汇水面积和设计参数，注意雨水口的布置和雨水管道的布置。在汇水面积方面，宜遵循"高水高排，低水低排"的原则，尽量在保证能充分收集雨水的同时减小汇水面积，从而减轻雨水泵站的压力。由于城市下穿立交道路的引道纵坡比一般道路大，以至于雨水经过纵坡时流速迅速增大，与管道排水速度几乎一致，甚至超过其流速。在引道上无论是设置横向箅子或竖向箅子的雨水井，效果都不理想，但是在立交两侧设置集水井收集雨水作为辅助手段，配合在下穿路段最低点设置多箅雨水井来收集雨水，可以达到更理想的效果。

在遵循"高水高排，低水低排"的前提下，应当进行高水拦截的设计，即在下穿式立交道路引道两端的高水和低水分界处设置道路反坡，防止高水进入低水处。尽量在下穿引道挡土墙上方设置混凝土结构防护撞栏，这样可以合理有效地控制高区地面雨水流至低区，减小低区的排水压力。

由于雨水口在遭遇暴雨时，极易受到路面塑料、落叶等垃圾堵塞，因此要考虑一定的堵塞系数，一般在 1.2~1.5 范围内。暴雨时雨水径流速度较快，其排水能力大大减弱。如果仅在下穿道路最低点的雨水口收集雨水，会对最低点的雨水口造成巨大的压力，很可能达不到排水的效果。因此，可以考虑用盖板式雨水沟代替雨水口，但是由于盖板式排水沟本身结构的问题，会对行驶的车辆造成较大影响，所以在车流量很大的下穿立交路面不宜使用。

雨水泵站及时高效地排除收集的雨水是整个下穿立交道路的排水系统最关键的一步。当下穿立交道路的雨水不能通过重力排水或不适宜使用雨水调蓄池时，就需设置立交雨水泵站，将雨水排除。一般立交泵站的选址在下穿道最低点附近。由于早期的排水规范中，对泵站是否设置格栅不作要求，早期泵站多数不配备格栅，污水和雨水在进入集水池之前，应先通过格栅将大直径杂质截留，因此当代泵站一般由格栅、集水池、机器间等组成。在实际工程应用中表明，城市下穿道路雨水泵站采用潜水泵在实际应用中取得了良好的效果，可节省一半左右的工程成本且工期可减少至一半左右。而且潜水泵易于安装修理，不易发生安全事故，所需辅助设备数量少，其发生故障的可能性相比其他类型泵站更小。另外，潜水泵泵房与控制室相互分离，噪声小，自动化程度高，减少了工人的投入。

五、雨水调蓄池

（一）雨水调蓄池概述

雨水调蓄是雨水调节和雨水储存两者结合的总称。一般来说，雨水调节主要目的是降低洪峰雨水流量，而雨水存储则是为了能更好地利用雨水，节约水资源的一种方法。即在暴雨过程中给雨水提供一个暂时存储的空间，在暴雨停歇后，将存储空间内的雨水通过净化措施，达到各种类型用途所需的水质，如城市景观用水、道路用水、城市绿化用水等。雨水调蓄池不仅能在暴雨时为城市排水防涝发挥其自身削弱洪峰流量的作用，还能将雨水利用起来。

现今，由于大暴雨以及大容量的生活污水和雨水无法全部通过联合下水道系统进入污水厂，所以在下水道中设置雨水调蓄池是很有必要的。

雨水调蓄池按空间维度可分为三类：地下封闭式调蓄池、地上封闭式调蓄池和地上开敞式调蓄池。地下封闭式雨水调蓄池适用于用地紧张且对水质要求高的地方，但是这种调蓄池施工难度大，工程所需费用高。地上封闭式雨水调蓄池安装简易，施工速度快，但因设置在地面上，占地面积大，水质安全难度高，通常需要防冻的功能。地上开敞式雨水调蓄池可以调蓄的容积较大，且需费用不高，与地面封闭式调蓄池一样，其所需道路地表面积较大；又由于是开敞式，其蒸发量较大，这种调蓄池在设计和后期维护中，要着重考虑其防渗漏的设施，否则后期的维护和修复都会造成巨大影响，维修成本也会大大增加。

随着我国社会经济的发展，城市土地资源利用也越发紧张。在寸土寸金的城市中，在资金到位、技术条件成熟的情况下，建议使用不占用道路路面的地下封闭式雨水调蓄池。若工程只能在地上建雨水调蓄池时，需要通过合理的计算设计出雨水调蓄池的容积。此时调蓄池通常会建在广场、绿地或停车场等区域的下面。

第二节　排水泵站设计

一、排水泵站的设计

用关于雨水量的计算方法求出雨水量后，根据对雨水量的分析选择下穿立交道路排水泵站的设计规模和标准。这样既可以防止在降雨时下穿立交道路排水不畅，也可通过优化、节省泵站运营成本，从而减少工程投资。

城市下穿立交道路排水系统的设立应不依赖于其他排水系统，其排水口需确保不淤塞，使得雨水能顺利排除。在无法采用自流排水时，可增设排水泵站来处理下穿式立交道路易于积水的问题。因此排水泵站工程设计是城市下穿立交道路排水系统设计至关重要的一环，需要从泵站的选址、泵的类型和型号、泵房的布置、水泵的数量和水泵组合方式等方面再结合实际工程导出最优化的泵站设计。

（一）泵站选址

对于城市下穿立交道路泵站的位置的选择，需在经济技术条件上进行深入研究。所以，需要我们到实地去现场勘测，整合下穿立交周边整体规划状况，既要考虑附近的卫生要求、原始地质状况、电力供应安全以及保护泵站安全的相关安全措施，还要对雨水排出河水流域的水质进行调查，收集其水文资料，分析下穿立交道路排水泵站排水进入河道后对河道的影响。除此之外，还要对下穿立交道路的泵站防洪状况做深入了解。这是因为泵站的位置一般应设置于城市下穿立交道路的标高最低点,若遭遇洪水淹没,会造成排水失控和严重的经济损失。同时,应尽量选择泵站挖深浅、管线段以及交会少的位置,这样可以减少泵站的工程投资。

（二）泵房的设计

泵房是泵站最主要的构筑物,泵房的设计有以下四点原则。

1. 机房间的设备和尺寸应尽可能紧凑布置,以便于工人前期设备的安装和后期的维护运营,从而减少工程投资和运营成本。

2. 泵房应布置在下穿立交道路的最低点的稳定地基上,不可设置在斜坡或滑坡地段上,且泵房应满足在各种工作条件下都稳定的要求,其构件的刚度和强度满足相关规定,防洪抗震性能要良好。

3. 泵房浸水部分的构件要进行防渗处理和抗压抗裂的检验。

4. 在经济技术条件允许的条件下,力求建筑艺术和整齐美观。

常用的泵房形式以及其特征如下。

（1）干式泵房

机械设备与集水池分离可营造干燥的工作环境,各种机器构配件不受雨污水腐蚀,有利于机器的维修保养。

（2）湿式泵房

结构简单,但水泵受雨污水腐蚀严重,工作环境差,使用寿命较短。

（3）圆形泵房及上圆下方形

圆形泵房使用的水泵数应不多于4台,直径范围7~15m,适用于沉井法施工,相对矩形泵房的造价低。

（4）矩形泵房或组合泵房

适用于大中型泵房,流量范围1.0~3m³/s,泵房占地面积大,工程投资较大。

（5）自灌式（半自灌式）

运行操作方便,启动迅速可靠,无须借助饮水设备。需要挖掘较深的深度安置泵房,造成地下工程施工成本增加。

（6）非自灌式

安置泵房需要的下挖深度较浅,造价也较自灌式低,结构简单,通风良好且室内干燥，但需要饮水设备辅助启动。

（7）半地下式

结合自灌式与非自灌式的特点。

（8）全地下式

几乎无地面结构，泵房环境潮湿，泵机组易受腐蚀，通常采用潜水泵。

（9）合建式

结构紧凑结合，占地面积小，一般与自灌式结合使用。

（10）分建式

结构处理方便简单，仅适合于自灌式泵房，无渗漏问题，水泵维修检查方便。但吸水管长，水头损失大。

在实际运用中，通常不只选用一种泵房的类型，而是几种泵房形式的结合，城市立交雨水泵站通常采用矩形、合建、全地下式、自灌式和组合型。

（三）泵的选型

作为下穿立交道路的雨水立交泵站的核心，水泵的选择尤为重要，会对泵站的运行效率产生直接的影响。因此，我们必须保证在降雨（暴雨）过程中水泵能够及时高效地将下穿道路积水排除。以下是常用的水泵类型。

1. 潜水泵

潜水泵是整个水泵机组可以放在水中运行，防腐措施和防水绝缘性能在不断优化。其占地面积小，管路较简单，配套设备少，易于安装，便于后期维护管理，更重要的是潜水泵运行安全可靠，故障频率小。

使用潜水泵的注意事项。

（1）尽量避免短时间内多次启停潜水泵，因为启动时，泵机组的电流很大，若是频繁启动，潜水泵机组极易烧坏。

（2）为了保障工作人员以及泵机组本身的安全，漏电保护器是必须安装的。

（3）安装潜水泵时，电缆线需要悬空而挂，电源线不宜太长。在泵机组下水或提升的过程中，要避免电缆受到外力，以防电缆受力断裂。

（4）确认电机的旋转方向，虽然多数潜水泵正向和反向旋转都可以出水，但反向旋转出水量较小，电流偏大，长期反向旋转易损坏电机绕组。

（5）勤于检查，及时发现问题并进行有效维护。

2. 螺杆泵

螺杆泵可以输送所有流动介质甚至非流动物料，因其具有可不均量输送且自吸能力强等优点，使用范围非常之广。

3. 轴流泵

轴流泵可输送清水和轻度的污水，泵站规模相对较小，建筑结构相对简单，工程造价较低，泵机组一体化，便于安装和维修。其中，立式轴流泵依靠叶片的升力将流体引到出口，同样是轴向进水和出水，有着流量的特点。

4. 离心泵

离心泵可以分为卧式泵和立式泵两种形式，而城市排水中通常采用立式泵，因为立式泵占地面积小，节省工程投资，且水泵和电动机可以分开布置，易于寻找到更合适的位置。但立式泵也存在一些缺陷，它的轴向推力很大，各部分零件容易遭到磨损，且需要较高的安装技术，检修维护都不如卧式泵方便。

5. 混流泵

混流泵主要用于传送清洁污染介质和中性或偏酸性的化学介质。混流泵的构造基本与离心泵相同，不同点在于叶轮的设计不一样，泵内的主流方向在轴向与辐射之间。

6 螺旋泵

螺旋泵主要应用于排涝、灌溉，提升污水和污泥。其特点是流量大，耗电少，节约能源，可以自行控制出水量，减少水头损失。设备装置简易，后期维修养护方便，无须特设集水井和密封的管道。但是它的扬程较小，范围在 6 ~ 8m，且螺旋泵是斜接式，所需面积大，使得螺旋泵的使用范围受限。

使用螺旋泵应注意以下事项：长时间不使用螺旋泵时，应在固定的间隔时段内，将螺旋转动一定的角度来抵消挠曲所导致的影响。在北方冬季使用螺旋泵前，应该先去除冰雪，避免驱动装置等受到积冰损坏等。

7. 空气提升泵

空气提升泵主要用于提升回流活性污泥，其结构简单，易于管理，有现成的压缩空气来源时，可以采用空提升泵。

水泵作为城市下穿立交道路雨水泵站至关重要的一环，直接影响雨水泵站的运行效果，所以针对这一点，应选用易于安装维护、工期短、投资省、安全可靠的水泵。目前，潜水泵是最适于下穿立交道路的泵型。潜水电机与泵机一体化，直接安置在流到内，结构紧凑，节省用地，其水力性能好，装置效率高，且在运行过程中产生的噪声相对较小，投资省，只占其他水泵的投资总额三分之二左右，可在水中运行安全可靠。对于道路标高低于一般城市道路的下穿立交道路，水泵运行安全可靠尤为重要。潜水泵前期不仅易于安装，后期的维护修养也较为方便，而潜水泵的自动化控制也日趋成熟。

（四）集水池

雨水排水泵站对于提升城市下穿立交道路的雨水，保证在降雨时汇水面积范围内的雨污水能够及时排除有着重要的意义。

泵站安全有效的工作对于整个排水系统的安全运行起着重要的作用，尤其是城市下穿立交道路的泵站。为了保障泵站安全正常地运行，集水池布置要合理，且必须有合理有效容积来留存暴雨时的部分雨量。不同的泵站对应集水池的有效容积定义方式不同，对于城市下穿立交道路的泵站，有效容积即集水池最高设计水位与最低设计水位之间的容积。随着日益精进的技术发展，水泵机组的可靠性有了较大的提高，但水泵的频繁启停依旧会影响机组的使用寿命。在实际工程应用中以及现场条件和经济条件允许的情况下，应扩大集水池的容积，采取有效的措施来控制水泵的启动，尽可能控制水泵频繁启停。

1.集水池常见的不利水力现象

据国内外学者对于泵站集水池的研究表明，集水池中水泵的型号、台数、布置的位置、形式以及集水池本身的形状都会直接影响集水池中水流的流态，从而造成不利的水力现象。

常见的不利水力现象主要有以下三种：进水流道预旋过量、水泵吸入口流速不恒定以及集水池水体产生漩涡。

（1）进水流道预旋过量

水流经过进水流道进入泵站集水池时，合速度方向分解为轴向分速度和切向分速度。由于两个分向对速度分布不对称，从而产生预旋，造成气蚀现象。气蚀现象是指在水泵的运行过程中，不可避免地会产生杂音，还有流量和扬程损失，水泵工作效率降低，致使水泵性能下降，且会破坏过流部件，甚至致使水泵不能工作的现象。通常预旋的角度应不超过 5 度，否则会对水泵的运行造成较大的影响。

（2）水泵吸入口流速不恒定

由于水泵在抽水时，吸入口的流速不均匀，当流速达到较大的变化幅度时，会造成水泵叶轮和轴承负载不平衡，导致振动产生噪声。在实际运用中，吸入口流速不均是无法避免的，我们需要做的是减小流速变化幅度，控制水泵吸入口轴向分速度的均值偏差不超过十分之一。

（3）集水池水体产生漩涡

集水池内的水流流动速度是不均衡的，这是因为水在水泵的过程中，受到了水泵台数、集水池形状以及其位置和布置形式的影响。由于水流流速的不均匀，当空气进入水体中时，使泵站多处产生漩涡，造成气蚀现象。泵机组随之引起大分贝的噪声、振动等，使其工作能力大打折扣。

城市下穿立交道路多数位于城市的交通要道，对于降低集水池的不利水力现象的影响有着重要的意义。在着重寻找降低其不利影响的方法过程中，我们应该系统地从排水系统的布置、集水池位置以及形式的布置、泵站选址以及泵的类型方面综合考虑。如在雨水流入集水池前，尽量使雨水能够朝着泵站正向进水；当条件受限制，有多个方向的来水时，应在它们进入泵站前汇集，再沿着直线段匀速流入集水池；而为了保证水流能匀速流动，在经济技术条件允许的情况下，应尽可能延长直线段的距离，直线段距离通常为 5~10d（d 为进水管直径）。

由于我国雨水泵站集水池的设计通常只为了减小水泵的工作压力，使水泵能够有效地运行并且确保吸水口等设施所需要的容积，导致在暴雨时集水池的雨水量会超过其设计水位，水泵频繁启停，造成水泵使用性能下降。而城市下穿立交道路又属于易发生积水路段，因此在选择集水池计算容积公式时，建议采用国外的计算方法或者用于大中型雨水泵站的秒换系数法，确保整个排水系统的排水安全。

第三节 城市大排水系统的规划

大排水系统构建是城市建设和城市排水防涝综合规划的重要工作，规划阶段考虑大排水系统是综合规划体系构建的关键，但由于我国长期城市规划建设过程中对于超标降雨情境应对策略缺乏考虑，因此，如何合理构建大排水系统，是当前我国内涝防治综合体系中急需解决的问题。

一、大排水系统概念与系统构成

已有研究对大排水系统的概念、组成、形式及其与源头减排系统、小排水系统的衔接关系进行了梳理，在此基础上，进一步梳理大排水系统的构成及其与城市相关子系统的衔接关系。城市大排水系统与微排水系统（也称源头减排系统）、小排水系统（排水管渠系统）、防洪系统协同作用，通过内涝风险分析与评估，合理构建蓄、排设施，做好周边竖向控制并预留可接入径流通道，合理构建和衔接四套系统，统筹达到城市内涝防治标准。

二、大排水系统规划

（一）大排水系统规划方法

城市大排水系统规划应贯穿于城市总体规划与专项规划、控制性详细规划、修建性详细规划各个环节，在城市规划过程中，蓄排系统构建应结合当地降雨规律、地形特点及内涝风险等分析，统筹规划，合理布局。

总体规划阶段，应明确大排水系统控制目标，预留和保护自然雨水径流通道及河流、湿地、沟渠等天然蓄排空间，提出用地布局及竖向相关要求。

控制性详细规划层面应细化竖向控制，落实蓄排设施调蓄容积、内涝防治重现期等控制指标，保障蓄排空间及其与周边的竖向衔接。为落实总体规划的要求，弥补控制性详细规划在用地之间、子系统之间指标、竖向衔接性方面的不足，在控制性详细规划编制的全过程，应协调城市专项规划、排水防涝规划、绿地系统规划等专项规划，保障以汇水分区为基本单元，落实和细化竖向及空间布局，保障各子系统的完整性和衔接性，具体来说，应对道路、绿地、水系蓄排设施的蓄排能力、上下游竖向衔接等进行重点分析。

在修建性详细规划阶段及设计阶段，应进一步落实和细化蓄排设施的规模、平面位置及场地高程，保障大排水系统各蓄排设施之间及其与防洪系统之间衔接顺畅。

城市大排水系统构建依赖城市整体竖向、用地规划。在规划阶段，地表蓄排系统应结合当地水文、地形条件及内涝风险等因素，统筹规划，合理布局。设计阶段根据内涝风险分析，评估区域现状排水能力、地表滞蓄及径流路径，确定内涝防治标准，依据场地现状条件选择大排水系统的形式等，然后利用水力计算、模型模拟等手段确定地表行泄通道或大型调蓄设施的规模、竖向关系。

（二）用地、竖向规划衔接

大排水系统构建需要对城市整体竖向、用地进行分析，对不同地区的用地特征和竖向需求进行优化调整。海绵城市专项规划编制要求中提出分析自然生态空间格局，明确保护与修复要求。大排水系统规划也需要明确不同用地的保护、修复、调整。在此基础上将城市规划用地以竖向规划类型划定三种类型：保护型、控制型和引导型。保护型的大排水系统竖向规划是结合现状地貌进行特征识别和整体保护，对于须作为城市排涝水系的沟渠、水塘、河道等加以保留和保护，禁止城市开发建设等行为影响水系防涝功能的正常发挥；控制型的大排水系统竖向规划是利用 GIS 分析现状高程，分析其竖向控制框架和薄弱环节，结合地形、径流汇集路径、道路行泄通道、内涝积水点改造等多种因素进行竖向、用地控制，同时根据城市绿线、蓝线、紫线等的控制要求，优化和完善大排水系统蓄排设施的布局、形式等；引导型的大排水系统竖向规划是为了识别城市的低洼区、潜在湿地区域，结合控制目标和建设需求，通过地形的合理利用和高程控制，以减少土方量和保护生态环境为原则，确定大排水系统规划方案和设施，引导城市规划建设。

（三）专项规划衔接

专项规划阶段应根据城市总体规划确定的目标，为详细规划阶段提出更明确的控制要求。城市大排水系统应与城市总体规划、绿地、竖向、水系、道路与交通系统专项规划、排水防涝综合规划等相关规划协调，针对城市专项规划提出规划衔接要点。

1. 排水防涝综合规划

①不同降雨情境下城市排水系统总体评估、内涝风险评估等，普查城市现状排水分区；

②城市雨水管渠系统拓扑根据大排水系统方案调整；

③确定城市防涝标准，落实大小排水系统建设目标；

④开展地形 GIS 分析，明确地表漫流路径，优化径流行泄通道。

2. 绿地系统规划

①提出不同类型绿地的规划建设目标、控制目标，如用于调蓄周边客水的绿地调蓄容积等；

②分析绿地类型、特点、空间布局，合理确定调蓄设施的规模和布局；

③城市绿地与周边集水区有效衔接，明确汇水区域汇入水量，满足可调蓄周边雨水的要求。

3. 水系规划

①充分利用城市天然及人工水体作为超标雨水径流的调蓄设施；

②满足总规蓝线和水面率要求，保证水体调蓄容量；

③根据河湖水系汇水范围，注意滨水区的调蓄功能，与湖泊、湿地等水体的布局与衔接，与内涝防治标准、防洪标准相协调。

4. 道路交通规划

①现状调研和模型模拟等方式确定城市积水点的位置、范围；

②明确城市易积水路段径流控制目标；

③道路断面、竖向设计满足地表径流行泄通道的排水要求；

④在保证道路通行和安全的前提下充分利用道路自身和周边绿地设置地表行泄通道。

5. 城市用地规划

①城市用地适用性评价，大排水系统蓄排设施布局合理及用地调整；

②保留天然水体、沟渠等蓄排空间；

③内涝风险严重区域调整用地。

三、道路用于大排水系统规划

道路路面是大排水系统排放通道的一种重要形式，参照发达国家经验，将道路路面概化为明渠，在保证交通安全的前提下将其作为超标径流行泄通道。我国传统排水模式是将道路雨水通过地下管网排除，并未考虑道路路面作为大排水系统的相关设计规定，但由于道路本身有一定的横纵坡，在暴雨发生时，未进入地下管道的地表径流仍会沿着道路本身的坡度排走，发挥了"非设计通道"的作用。但为保证道路交通功能和雨水汇流入雨水口的需要，道路纵断面通常设计为"波浪形"，易形成局部低洼点，不利于大暴雨时地表径流的排放。

通过归纳和借鉴国外道路路面排水的经验，总结我国道路路面作为大排水系统的规划方法，即依据控制目标，结合现状地形，综合考虑场地限制性因素、现有雨水排除系统等，通过内涝风险分析及竖向分析进行合理的道路径流行泄通道规划。

（一）现状调研及基础资料分析

在工程目标确定之后，下一步工作就是分析现状条件及限制性因素。在调研水文、地质、河湖、沟渠、集中绿地空间及人类活动等影响因素之后，依据水文条件、地形地貌、排水管网等进行内涝风险分析，分析道路与城市排水防涝、水系、绿地、用地等的竖向平面关系，可以初步确定合理可行的方案。场地特征评估主要针对影响道路大排水系统方案选择的限制性因素，包括汇水面积、竖向条件、水文地质条件、受纳水体状况和周边环境、历史街区保护等，同时也应注意道路行泄通道尽量选择在排水系统下游，尽量不在人口密集区规划设计。

历史街区、地段与建筑的用地竖向是其历史文化环境的构成要素之一，是需要保护修复的历史文化。结合现状地貌进行特征识别和整体保护，在维持原貌的基础上整体竖向高程控制，满足相应的排水防涝要求，有必要的情况下周边道路标高与之衔接，辅以适当的修复提升和局部改善。

（二）竖向条件、内涝风险分析

内涝风险分析、竖向分析是进行城市大排水系统规划设计的依据和基础，在城市规划阶段进行分析评估尤其重要，借助 GIS 及模型手段进行不同降雨条件下城市区域的内涝风险评估、地表漫流分析，评估洪涝风险严重的区域及对现状和设计方案的效果评估，评估淹水面积、深度、时间及流速等，不破坏现有地表漫流路径，保留径流通道和蓄滞洪区；针对目前大量已建城区的问题，对现状排水设施的排水能力、河湖水系的受纳能力、内涝风险区域、地表滞蓄空间及汇流路径等分析尤其重要，为大小排水系统构建及决策等提供依据。

（三）汇水面积

规划道路行泄通道于适当的场所，大排水通道才能较好地发挥作用。道路雨洪问题产生的根源不只是道路本身，还涉及道路及管网所服务的汇水区。由于道路路面排水即为将其概化成明渠排水，所以其排水流量与道路断面和纵坡密切相关，而由于道路排水有一定的安全标准要求，所以其排水断面一定存在一个最大值，同时道路横纵坡也有一个极限值。因此，道路路面排水的排水能力存在一个最大值，即同时存在对应不同重现期下对应最大排水能力的最大服务面积。

同时，汇水分区的边界应考虑在高重现期暴雨情况下，实际汇水区域可能会扩大的情况，结合地形、管网、河道情况合理确定边界。

四、已建、新建城区大排水系统规划设计

（一）针对已建城区

针对老城区大排水系统的建设，对现状管网、地表漫流情况等空间和竖向条件的评估尤其重要。部分地区通过道路断面微调实现排水标准的较大幅度提高，而并非需要在所有地区整体对排水管道进行更新改造，或增加建设大型调蓄池/调蓄隧道。对于内涝风险较为严重区域应重点进行评估分析，在有条件的地区可以在源头建设 LID 措施，则综合源头 LID、排水管道、道路路面排水会更大幅度地提高区域的综合排水防涝标准。

老城区排水管渠设施已基本形成，如果在短期内进行大规模的管网翻新、蓄排设施建设影响较大，部分老城区也难以一次性达到内涝防治要求。因此，可结合地区的整体改造和城镇易涝点的治理，从源头控制、过程蓄排结合、优化汇水路径、提高排水管渠排水能力、建设超标雨水控制设施等多方面入手，分阶段达到标准。

（二）针对新建城区

新建城区应充分利用城市的现状地形条件，评估地表径流通道，为超标径流预留排放通路，识别保护现状坑塘、湿地、河道等天然蓄排空间，选择内涝风险较小区域进行开发。新区道路建设过程需衔接道路与排水专业，评估道路的排水能力及下游受纳体调蓄能力，考虑大排水系统的相关要求。

第四节 道路大排水系统设计

一、地表径流行泄通道设计

对于地表径流行泄通道，主要有地表漫流（竖向控制）、道路路面及带状生态沟渠等形式。其中，地表漫流主要通过竖向规划、设计实现，良好的竖向条件作为"非设计地表径流行泄通道"，利于排水防涝。此外，还应重视道路低点渐变下凹的人行道、小区低洼处底部打通的围墙等的设计，以便于地表径流顺畅汇入设计径流行泄通道及调蓄设施。

对于道路径流行泄通道、沟渠，其设计应根据当地内涝防治设计标准要求，计算该设计标准对应的汇水区域径流总量和排水管渠系统的最大排水量，由此得出需要地表行泄通道排除的径流量，并计算得出该道路最大汇水面积，与实际汇水面积进行比较，由此进行反复的校核与设计调整，直至满足设计标准要求。道路路面的排水能力可根据路面积水深度、积水延伸宽度、道路构造形式、横纵坡度等多种因素综合分析计算确定。生态沟渠设计与道路路面排水设计类似，其排水能力计算可采用明渠均匀流计算公式。高重现期降雨条件下（超过沟渠自身设计标准）可能是生态沟渠与道路路面组合方式成为地表径流行泄信道，这时在计算排水能力时需将二者的过流流量进行叠加计算，然后对最大可服务面积进行计算校核。

当汇水面积较大时，建议采用模型模拟分析，模拟城市管网、地表径流行泄通道与周边调蓄空间、末端河道的综合耦合作用。

（一）确定地表行泄通道

地表行泄通道的选择应依据当地水文条件、地形地貌分析及不同降雨条件下的内涝风险评估等因素综合确定。

（二）汇水区水文分析

汇水区水文分析应包括下列内容：区域降雨资料调研分析；汇水区域总边界、整体竖向、用地构成分析；分析确定汇水区道路路网布局与竖向分析；分析道路作为排水通道时的径流区域范围及其水力特性；分析区域内道路周边可用于设计生态沟渠的绿地布局；分析雨水管道的设计重现期及雨水管道和雨水口淤堵情况；分析其他相关的水问题，如内涝、污染等；明确地表排水方向；明确汇水区关键节点竖向、断面控制要求，如汇流路径交叉点、道路交叉口等。

（三）确定径流行泄通道设计重现期与暴雨强度

地表行泄通道承担超过地下管渠系统的超标径流的排放，因此，较高的排水防涝标准是由小排水系统（地下管渠系统）和大排水系统（地表路面/沟渠、调蓄水体、深隧等）共同承担，综合作用达到的。

径流行泄通道的设计降雨选择有以下四个步骤。

1. 选择适合的内涝防治设计重现期；

2. 确定超过小排水系统的流量；

3. 确定合适的设计降雨历时；

4. 确定设计降雨的暴雨强度，结合管网重现期确定行泄通道排水设计重现期。

二、汇水分区划分

我国传统排水规划中排水分区划分一般有流域排水分区、城市排水分区和雨水管段分区，其划分遵循"自大到小，逐步推进"的原则。国外对于排水分区的划分与国内大同小异，分为 watershed、catchment、drainage、are、sub-catchmen。这种划分方法虽针对不同重现期目标进行划分，但对于高重现降雨情境下，降雨径流超过管网排水能力，形成地表漫流，雨水径流会漫流划定的排水分区界线，这种情况下排水分区界线的重现划分对于大排水系统构建至关重要。

（一）划分方法

1. GIS 数字高程模型 DEM 划分

目前 DEM 是用于流域地形分析的主要数据，主要用于根据流域中河流水系、地形地貌提取分水线和汇水路径，实现地形的自然分割。基于以上分析研究，也被应用于城市环境下的水文特征分析。

2. 实际踏勘人为划分

通过收集城市水系、管网、地形及道路等资料，结合现场目测和人为估计，在 CAD 图或地图上人工勾画出城市排水分区，这种划分方法存在较大误差，不能准确判断雨水汇流路径，精度较差。

3. 模型模拟汇流路径划分

在排水模型中建立 1D 与 2D 模型耦合，分析汇水区时结合管网排水与道路汇流排水路线。在 DEM 数据分析的基础上，分析高重现降雨时径流漫过分水岭的情形，体现雨水管段分区合并的过程，得出超标径流情境下以管网和地表汇流为基础的汇水分区。

（二）不同控制目标对应的汇水区划分

1. 雨水管渠设计标准的排水分区

管网设计重现期对应的汇水区划分，主要以雨水出水口为终点，以雨水管网系统和地形坡度为基础，排水分区相对独立，不互相重叠。地势平坦的地区，按就近排放原则采用等分角线法或梯形法进行划分，地形坡度较大的地区，按地面雨水径流水流方向进行划分。主要采用泰森多边形工具自动划分管段或检查井的服务范围，再根据雨水系统出水口进行合并得到。

2. 防洪设计标准的排水分区

此排水分区为流域排水分区，以地形和河湖水系为主要依据，以河道、行政区界以及分水线等为界线划定，汇水区之间没有公共边，一般情况下是不变的。

三、蓄排组合设施设计

蓄排组合设施在内涝防治系统中至关重要。蓄排组合设施应以城市总体规划、城市排水防涝规划及海绵城市专项规划为依据，结合降雨规律和暴雨内涝风险等因素，统筹规划，合理确定布局规模。在一个系统中，究竟是采用地下/地面调蓄设施，还是蓄排设施的组合布局，需要通过具体项目具体分析。根据调蓄设施与排水管渠、径流行泄信道位置关系及运行工况的不同，分为在线式和离线式两种，可根据实际条件选用。

关于调蓄设施的设计，应根据项目条件，考虑兼顾峰值控制、径流污染控制及休闲娱乐功能，其规模可根据调蓄设施汇水面水文计算、设施调蓄水位变化对应的出流口水力计算，得到设施的入流和出流过程线后确定。总结国内外调蓄设施相关计算方法，调蓄设施计算方法主要采用对降雨历时内进出调蓄设施的径流流量与时间积分值的最大值，即在计算径流流量的基础上，通过积分求得不同历时内进出调节设施径流总量差值的最大值。目前较为精确的计算方法为基于质量守恒定律的有限差分法，分析计算一系列时间步长内入流和出流过程线的差值，从而确定蓄水体积和水面高程变化的过程。

调蓄设施的进水方式一般为排水管渠、地表径流行泄通道等，主要提出一种地表行泄通道与调蓄塘组合的设计方法。其主要核心概念为超过小排水系统排水能力的超标径流流量，采用基于暴雨强度公式的芝加哥雨型/长历时降雨时程分配计算地表径流行泄通道的流量过程线，地表径流行泄通道与调蓄塘顺接，其排放通道末端出口流量过程线即调蓄设施进水流量过程线。行泄通道流量过程线通过地表汇流计算方法获得。调蓄设施设计根据调蓄设施形式、构型和出口结构通过有线差分法演进分析计算获得出流过程线，最大外排流量与开发前相应重现期降雨事件下的峰值流量校核，不满足的话可重新调整出水口尺寸或调蓄设施容积，最终满足区域内涝防治标准。

第五节　城市道路交叉口排水路面系统设计

排水沥青路面空隙率大、排水性能良好，能够迅速排除路表水分，防止路面形成积水，从而提高行车安全性及舒适度。然而，在雨水下渗、排除的过程中，需要设置相应的排水设施，以达到及时排除水分的目的。高效的排水设施可以及时收集、排除雨水，减少路面结构内部湿度的上升，从而避免路面结构内部水分导致的水损害，提高道路的耐久性。而当排水设施堵塞或设计不合理引起排水不畅时，从路表渗入路面结构的水分则会留滞在路面结构中，引起一系列的病害。

一、道路排水性沥青路面结构设计

透水性沥青路面结构类型分为Ⅰ型、Ⅱ型、Ⅲ型三种。

（一）Ⅰ型结构

Ⅰ型结构包括：透水沥青上面层；中、下面层；基层；垫层；路基；封层。

（二）Ⅱ型结构

Ⅱ型结构包括：透水沥青面层；透水基层；垫层；路基；封层。

（三）Ⅲ型结构

Ⅲ型结构包括：透水沥青面层；透水基层；透水垫层；路基；封反滤隔离层。

其中，Ⅰ型路面结构常见于各类新建、改建道路，在实际过程中的应用最为广泛。在Ⅰ型路面结构中，排水沥青面层和中面层之间设有防水黏结层，其存在一方面可以增加界面结合强度，另一方面阻止了雨水的下渗，防止中面层出现水损坏，从而提高路面结构的耐久性。在Ⅰ型路面结构中，路表的水分由表面层排入临近排水设施。Ⅱ型路面结构适用于需要缓解暴雨时城市排水系统负担的各类新建、改建道路，路边水分通过面层流入基层或垫层后排除；而Ⅲ型路面结构不设防水层，仅适用于公园、小区道路、停车场、广场、中、轻型荷载道路。

二、城市道路排水系统

除了路面结构设计，还需要对道路的排水系统进行设计。合理的排水系统，能够将雨水快速地收集并汇出，缓解城市内涝，并帮助城市内部水资源的蓄积。在我国，城市道路排水系统通常采用如下几种类型。

（一）明式系统

明式系统通常为城郊道路和公路采用，采用道路两边或一边设置明沟的方式排除水分，在出入口、人行横道处需增设盖板、涵管等构造物。这种排水系统的设置较为方便，但并不适用于市内道路。

（二）暗式系统

暗式系统主要由主干管、连接支管、检查井、出水口、雨水口、街沟等部分组成，通常埋置在地下。路边的水分可通过道路纵横坡度汇集至雨水口，再途经与雨水井相接的连接支管汇入主干管，通过主干管排入河流或其他水体。这种排水系统常常被市内道路采用。

（三）混合式系统

混合式系统即明式系统与暗式系统相结合的一种排水系统。由于明沟容易汇集污水、影响环境卫生，且易引起交通和生活上的不便，因此这种形式较少被采用。

三、城市道路路面排水结构设计

对于暗式排水系统，还应设置相应的排水设施。透水沥青路面边缘应设置纵向排水设施。常见的排水设施Ⅰ型、Ⅱ型、Ⅲ型排水设施横断面如下。

（一）Ⅰ型结构

Ⅰ型结构包括：透水沥青上面层；中、下面层；基层；路缘石；人行道；透水盖板；排水沟；封层。

（二）Ⅱ型结构

Ⅱ型结构包括：透水沥青面层；封层；中、下面层；基层；防水材料；透水沥青混凝土；普通沥青混凝土；绿地。

（三）Ⅲ型结构

Ⅲ型结构：透水面层；透水基层；封层；不透水基层（底基层）或土基；排水管；排水沟；透水盖板；路缘石；人行道。

对Ⅰ型、Ⅱ型路面排水结构，路表水分经由透水面层汇入道路两侧的排水沟后流向附近的水系，或透过透水水泥混凝土汇入绿地。上面层底部设置的封层阻隔水分向下渗透，而排水沟或透水性混凝土则能够帮助水分迅速排出路面结构。对Ⅲ型路面排水结构，雨水则同时从透水面层、透水基层汇入排水沟，再通过排水沟排出至附近水系。根据路面结构中封层的设置位置不同，其相应的排水设施也存在差异。

四、关于排水体制

在城市排水工程规划中，可以根据城市的实际情况选择排水体制。

分流制排水系统：当生活污水、工业废水和雨水、融雪水及其他废水用两个或两个以上排水管渠来收集和输送时，称为分流制排水系统。其中收集和输送生活污水和工业废水（或生活污水）的系统称为污水排水系统；收集和输送雨水、融雪水、生产废水和其他废水的称雨水排水系统；只排除工业废水的称工业废水排水系统。

（一）排水体制选择的依据

在城市的不同发展阶段和经济条件下，同一城市的不同地区，可采用不同的排水体制。经济条件好的城市，可采用分流制；经济条件差而自身条件好的可采用部分分流制、部分合流制，待有条件时再建完全分流制；新建城市、扩建新区、新开发区或旧城改造地区的排水系统宜采用分流制的要求；同时也提出了在有条件的城市可布设截流初期雨水的分流制排水系统的合理性，以适应城市发展的更高要求。

（二）合流制排水系统的适用条件

在旧城改造中宜将原合流制直泄式排水系统改造成截流式合流制。采用合流制排水系统在基建投资、维护管理等方面可显示出其优越性，但其最大的缺点是增加了污水处理厂规模和污水处理的难度。因此，只有在具备以下条件的地区和城市方可采用合流制排水系统。

1. 雨水稀少的地区。

2. 排水区域内有一处或多处水量充沛的水体，环境容量大，一定量的混合污水溢入水体后，对水体污染危害程度在允许范围内。

3. 街道狭窄，两侧建设比较完善，地下管线多，且施工复杂，没有条件修建分流制排水系统。

4. 在经济发达地区的城市，水体环境要求很高，雨、污水均需处理。

在旧城改造中，宜将原合流制排水系统改造为分流制。但是，由于将原直泄式合流制改为分流制并非易事，建设投资大，影响面广，往往短期内很难实现。而将原合流制排水系统保留，沿河修建截流干管和溢流井，将污水和部分雨水送往污水处理厂，经处理达标后排入受纳水体。这样改造，其投资小，而且较容易实现。

五、排水方案设计

（一）机动车道的设计方法

机动车道是道路的重要组成部分，它的宽度超过非机动车道和人行道的综合。本次对机动车道进行改造升级设计时，为减少后续工作量，使原机动车道的宽度保持不变，将绿化带设置在机动车道两侧。在道路适宜的位置处设置路缘石开口，设计立式雨水篦子。在降雨初期阶段，雨水落入路面后，会经雨水篦子进入绿化带内，当土壤达到饱和状态时，溢出的雨水会流入雨水管，并排出路面，避免积水。对机动车道的机构采用三层设计，上层设计为透水沥青砼，中层和下层均为不透水层，降雨后，雨水透水沥青砼下渗后，从设置在中下层中的排水盲沟流入分隔带内积蓄。

（二）人行道的设计方法

在地下设置排水管道和蓄水池，使雨水通过人行道能够下渗，实现调节路面积水量的目标，依据道宽加装储水模块。

（三）绿化带的设计方法

经改造升级后的道路路面，全部铺设透水性材料，由此能够确保路面积水顺利从雨水口排至绿化带内。为发挥出绿化带积蓄和过滤雨水的作用，可在设计时，铺设一层厚度适宜的栽培土，与透水管配合可达到过滤雨水的效果。导流系统可结合实际设计，强降雨引起路面大量积水时，通过导流系统能够蓄积雨水。设计绿化带内的植物景观时，要充分考虑循环问题，可将降雨量和蒸发量作为主要参考依据，设计与之相应的具有渗透性功能的绿化带，并保证宽度适宜。为增强绿化带的渗水和蓄水效果，可以选用透水性能较好的材料，如新型透水砖等，并在道路两侧种植耐旱植物，在辅助排水的前提下，美化道路。

（四）路缘石与边沟的设计方法

在设计道路路缘石时，可将道路面积作为主要依据，选择比地面略高的路缘石，并采用打孔的方式，解决水流缓慢的问题。雨水口位置处的路缘石，必须加装拦污篦子，防止杂物过多造成排水口堵塞，影响雨水排出。设计边沟时，可以采用植草沟，在确保道路美观性的基础上净化雨水；按照道路所在地的地势条件，对植草沟的长度和宽度进行合理设定，当植草沟设置在低洼区域时，可适当增加边高。

第七章　市政工程环境保护对策

第一节　市政工程的环境制度系统及其理论基础

制度是一把双刃剑，既可以带来有利的影响，也会由于其缺陷给人们带来无须负法律责任的投机或寻租机会。一个完善的法律体系可以带来完美的生态环境效益，而一个具有缺陷的法律制度则总是伴随着不好的环境管理绩效。为了实现特定的制度绩效目标，各相关制度相互依存、相互影响，形成一个共同体即制度系统，单个制度是无法充分发挥作用的。环境制度在控制市政工程环境影响方面起到至关重要的作用。围绕着市政工程，同样存在着为了实现一定环境效益的制度系统。为了全面分析市政工程环境影响的制度性根源，必须对围绕着市政工程的环境制度系统有着充分的了解。

一、市政工程环境制度系统建立的理论基础

（一）外部性理论

外部性是指私人成本与社会成本或私人收益与社会收益不等的现象，通俗地说，就是指一个人的经济活动影响到了其他人，却没有因此而付出成本或获得收益的现象。当社会成本大于私人成本时，我们称之为"负的外部性"，即个人生产等活动，对他人产生有害影响并由他人分担活动产生的额外成本，且无需对受害人进行补偿的现象。如企业在生产过程，因向外界排放废气、废水、废渣等污染物，会对周围居民的身心健康造成很大的影响，其生产活动就具有"负的外部性"。当社会收益大于私人收益时，我们称之为"正的外部性"，即私人生产等活

动给他们带来一定的利益且他们无须为这种利益的获得而买单的现象。如社区所建的公园就具有"正的外部性",它为居民提供可免费享受的优雅环境,同时也有利于改善城市生态环境。外部性是市场失灵的主要表现之一,市场失灵是指市场无法有效调控、要全部或部分依靠政府进行管制的情形。外部性本质上是指成本或收益未能完全内部化,要想有效控制外部性,解决成本或收益内部化问题,就要依靠政府通过颁布法律制度等对产权进行界定。所以,制度是能否有效解决外部性问题的决定变量之一。

新制度经济学在将外部性理论引入制度分析的过程中,提出了制度外部性,发展和丰富了外部性理论。制度外部性认为制度一旦产生,便作为一种公共产品为人类服务,且很容易产生外部性。制度是一把双刃剑,制度的外部性根据带来的结果不同可分为外部经济和外部不经济两种情况。一个好的制度,可有效地完成其本身使命,取得突出的制度绩效、而一个不适合的制度,非但不能取得好的制度绩效,还可能会成为经济进步的瓶颈。同时,制度外部性还认为,制度的变迁或创新是由于制度没有达到均衡,还存在着超额利益,此时制度的变迁或创新会带来额外利益,进一步实现制度均衡。

制度经济学家认为,当今生态环境问题除了自然力量所引起的人类不可抗拒的自然灾害所带来的环境问题之外,大多数生态环境问题是与人的行为活动所产生的与环境相关的外部性分不开的。同样,市政工程作为在城市生态环境基础上进行的人工活动,其存在的各种生态环境问题从本质上而言,就是一种外部性问题。

(二)可持续发展理论

可持续发展理论是20世纪80年代提出的一个新的概念。可持续发展是基于生态危机、环境破坏日益严重严峻现实背景下提出的,是既满足当代人的需求又不对后代人满足其需求能力造成破坏的一种发展。1980年国际自然同盟在《世界自然资源大纲》中提出:"必然研究自然的、社会的、生态的、经济的以及利用自然资源过程中的基本关系,以确保全球的可持续发展。"这是可持续发展概念的首次提出。自可持续发展概念提出之后,一些学者从各自不同的角度对其进行定义,致使可持续发展没有统一的定义,并带给人类对可持续发展观念认识的偏差。1987年在《我们共同的未来》中,世界环境与发展委员会对可持续发展做出了权威性的规定："既能满足当代人的需要，又不对后代人满足其需要的能力构成危害的发展。"1992年《里约宣言》又进一步阐释了可持续发展："人类应享有以自然和谐的方式过健康而富有成果的生活的权利，并公平地满足今世、后代在发展和环境方面的需求，求取发展的权利必须实现。"可持续发展观是一种全新的发展观，是对传统经济发展观的挑战。

传统的经济发展是一种不可持续的增长。传统经济发展观认为经济增长是各国发展的核心，国家想发展，就必须大量发展经济，经济发达了国家也就高速发展了。此时的发展和增长是统一的概念。旧的经济发展观认为环境资源是无成本的，是为经济发展所服务的，生态系统是经济系统的子系统，也不过是经济系统开采和处置废物的场所。随着经济的不断发展，工业化、城市化进程的加快，水污染、空气污染、土壤污染等各种生态环境危机的出现，人类面对逐渐对自己身心健康构成威胁的各种环境问题，开始对传统经济发展观提出质疑。20世纪60年代，人们开始把经济增长和发展分开讨论，产生新的发展观。新的发展观认为经济增长并不意味着发展，一个社会的发展不只包括经济，还包括社会、生态环境等，把经济、社会和生态环境割裂开来，只顾谋求自身的、局部的、暂时的经济利益，会给他人、全局、后代造成不经济的后果甚至是灾难。经济、社会、生态环境是一个统一的有机整体，构成一个不可分开的系统。系统内的各个子系统都是相互依存、相互影响和制约的。人类正是生活在这样一个复杂的系统内，必须保持各个子系统间的统一、稳定，不能破坏其间的平衡。可持续发展观并不否认经济发展，但是也绝对否认单纯地追求经济发展，它是一种统筹发展理论，兼顾各子系统的利益。发展经济时，不能破坏环境利益，不能对人类赖以生存的社会系统其他福利造成损害。生态系统和经济系统不是对立的，生态系统为经济系统提供所需要的物质，而经济系统必定受制于生态系统，且是生态系统的一部分。可持续发展理论自提出以来得到了很好的发展，并已深入人心。

为了保障可持续发展目标的实现，从我国基本国情出发，建立完善的、符合可持续发展思想的环境法律制度是十分必要的。原联合国环境署执行主席托尔巴曾提出以道德标准、无法律约束的措施鼓励人们履行保护环境的义务，但是，事实证明，从道德上对生态环境破坏进行约束是无法取得良好效果的。因此为了实现可持续发展，实现经济、社会、生态等的协调发展，必须采取强有力的法律手段。

安南曾在其发言中指出:"在地方、国家和国际各个层次上有效的可持续发展制度构架,是全面执行21世纪议程的关键。"可持续发展制度是一个综合性的制度体系。可持续发展是其他法律制度的原则,任何政策、规划、制度等的颁布必须符合可持续发展的原则,保障生态环境与社会、经济协调统一发展,而不会因遭受忽视而致不必要的破坏。环境法律制度是以保护环境为目的的、对与环境相关的人类行为进行调控的制度,是可持续发展制度体系的一部分和重要的基础,其建立、改革和完善要以实现持续发展为原则,以保障生态环境利益不受破坏。此外,可持续发展并不是一个口号,而是我们在日常生活中通过自己的行动去努力实现的目标,它需要我们用行动去实现。为了实现可持续发展,各种环境制度就要具有可操作性,而不能只是一个原则性的规定。

(三)环境权理论

环境权是指全体社会成员都享有的在健康、安全和舒适的环境中生活和工作的权利。环境作为公共资产,不具有排他性,任何人都有权使用和享受其带来的服务。任何人的行为都不得损害别人在安全舒适健康的环境中生活的权利。环境权作为一种新兴的权利,是在国家经济社会发展带来的越来越严重的生态环境危机的背景下,于20世纪60年代由学者提出。

根据环境权理论,环境权可分为环境使用权、知情权、参与权以及请求权。环境使用权、知情权、参与权以及请求权是环境权的子权利,是环境权得以实施的保障。环境权作为宪法规定的一项基本权利,具有抽象的特点,必须将其具体化才能保障环境权有效运行。环境使用权是基于生态环境资源的公共属性而提出的。生态环境资源作为一项人类的公共资产,是人类所共享的,任何人都具有使用权,任何人不得妨碍或破坏该权利的使用。如清洁空气权、清洁水权、采光权、通风权、眺望权、环境美学权等。环境知情权就是公民在环境事务方面的知情权,公民有权对在与自己自身利益密切相关的环境中进行的各种活动的资料获得和了解的权利,政府必须保护公民的环境知情权,并主动提供相关的环境方面的信息。亚历山大·基思提到"对于那些可能对环境造成损害的决策或者其他措施,首要条件是必须使可能受到影响的个人事先得到通知。也就是说,环境权必然包括个人对于影响其环境从而个人也将受之影响的工程或项目的知情权。"环境知情权是环境参与权和环境请求权的先决条件,环境知情权得不到保障,环境参与权和请求权也是不可能得到有力的实施。环境参与权是指公众参与环境决策、环保法律实施、环境纠纷的解决、环境保护宣传教育等程序的权利。环境参与权反映了民主化精神，各项与环境相关的规划、政策、计划、决策以及法律、法规等的决策或执行等都要求有公众参与的程序。环境权要想得到有力实施，必须有相应的补救程序，以在公民环境利益受到损害时，诉诸法律，获得补救，这就是我们说的环境请求权。

权利有应有权利、法定权利和实有权利之分。应有权利是人类基于长期的社会实践而达成的共识，得不到法律的保护。应有权利只有在法律中得到规定才会有法律效力，这就是我们所说的法定权利。法定权利的有效实施必须依靠一系列的相关法律程序。而有相关法律程序确保法定权利得以实施和运行的，就是我们所说的实有权利。从各国的司法实践中可以看出，环境权已经部分地完成了从应有权利向法定权利的过渡，但是，在从法定权利向实有权利的过渡过程中遇到了不小的理论与实践障碍。作为对环境权的反应，一些国家将其列入宪法中，使其作为一项基本人权，像生命权、财产权一样受到保护。然而，与环境权相关的程序法仍然缺失，环境权从法定权利到实有权利的发展仍待解决。

（四）城市生态系统理论

城市生态系统是一种人工生态系统，是城市居民在与城市环境发生相互作用的过程中形成的统一整体，是人类在对自然环境改造基础上形成的适合人类居住的人工生态系统。

城市生态系统内部各组成要素通过物质循环、能量流动等生态过程而相互联系、相互依存、相互作用，从而形成城市生态系统结构，并承担着生产功能、消费功能和还原功能等生态功能。城市生态系统同样包括生物因素和非生物因素。但是作为一种特殊的生态系统，城市生态系统不仅包括传统生态系统中的如细菌、微生物等生物因素以及光、温度、水分等非生物因素，还包括城市生态系统中所独特拥有的人类和社会经济因素。在城市生态系统中，通过物质循环和能量流动，各因素构成了一个具有特定结构和功能的有机系统。

城市生态系统作为一种以人为核心的人工化系统，具有其他生态系统所不具有的独特特征：城市生态系统是高度人工化的自然—社会—经济复合生态系统，具有高度的开放性和依赖性，且是脆弱的。作为城市生态系统核心的人，既是城市生态系统的消费者，又是城市生态系统的构造者。城市生态系统是人在自己物质利益或者环境等其他利益的基础上构建的、适合人类居住的人工生态系统，是为人类服务的。城市生态系统以适合人类居住和便于人类生存为宗旨进行改造。人作为城市生态系统唯一主要的消费者，基于个人理性原则，人类总是在努力使环境向着适合自己的方向发展。城市生态系统是消费者占优势的生态系统，其所需的能量和物质几乎都来自其他生态系统的输入，同时，其所产生的废物等也由于地域的局限性，需要借助其他生态系统来消解，从而降低城市生态系统的压力。但是在减少城市生态系统环境压力的同时，却给其他生态系统带来了很大的困扰，甚至严重影响到其他生态系统的平衡。此外，城市生态系统强烈的外部依赖性，也决定了其不可避免的脆弱性。要想城市生态系统可持续发展，必须减少对外部生态系统的破坏，并保护城市生态系统的平衡发展。

城市生态环境具有较强的人工调节功能，对来自外界的冲击能够通过人工调节进行补偿和缓冲。城市作为一个能量消耗高度集中、人口高度集中的区域，每天产生着大量的生活类废物、生产类废物，而这些大量的污染物仅靠城市生态系统自身生态过程的消化而恢复到最初状态或承受范围之内的状态是不可能的。当人类活动产生的大量环境影响超过城市生态环境承受区间时，就需要我们及时进行人工调节，以解决生态环境问题。如城市中过于集中的垃圾、污水排放等，单纯地利用城市生态系统自身处理恢复机制是达不到要求的，必须依靠人类提供相应的动力处理机制，去解决日益严重的垃圾、污水排放等城市生态环境问题。

城市生态系统平衡的维持，必须依靠各个子系统的协同平稳发展。所以，在城市基础设施建设中，必须综合考虑城市生态系统的各个子系统，在看到社会、经济利益的同时，确保生态环境利益的实现。政府的各项政策、制度等应更加关注城市生态环境利益，以保持城市生态系统的平稳可持续发展。例如，在政府的财政制度上，加大对生态环境投资的比重，改善财政投资结构；在政府的政绩审计评价中，对其生态环境目标的实现进行审计监督，以督促其更加注重生态环境利益。

二、市政工程的环境制度系统

环境制度可以有效控制市政工程的环境外部性，以取得环境效益最大化。环

路桥工程管理与给排水规划设计

境制度的有效性决定执行结果。市政工程环境影响的现状，正是制度的不完善造成对环境外部性的控制效果不理想引起的，有着深刻的制度根源。为了深入地探讨市政工程环境影响现状的制度根源，必须对控制市政工程环境影响的环境制度系统进行具体分析，了解市政工程环境制度系统的组成与发展。

（一）市政工程的环境制度基础

改善或修复城市生态系统的动力机制包括自然修复和人为修复。在城市生态系统承受力范围内，城市生态系统靠自身的修复能力恢复原状并保持相对稳定性。然而随着城市化、工业化的快速发展，城市生态环境问题越来越严重，并逐渐超出了城市生态系统的承受力，城市生态系统的容量已经是具有竞争性的稀缺性资源。为了避免城市生态环境的继续恶化，满足人们对良好的城市生态环境的需求，作为服务型政府，就要加大对能够改善城市环境的人工动力机制的投资，开展各种旨在治理、改善城市生态系统的工程。这种治理城市生态环境的行为会给他们免费提供等同的生态环境收益，具有正外部性。同时，市政工程作为大型建设工程，在其建设、投入运行中产生的资源浪费或破坏、环境污染、生态破坏、人文景观破坏、交通阻塞、噪声污染等问题，影响了城市生态系统的稳定性发展。而这种负面的环境影响，会给公众带来无法获得补偿的影响。这是一种外部不经济性，即市政工程的负面环境影响是一种环境负外部性。人类的任何活动，必须考虑到其活动所带来与环境相关的外部性。政府作为市政工程建设的组织单位，必须考虑自己的建设项目对环境所产生的外部性，并找出这些外部性影响到的城市生态环境范围，从而采取一定的生态环境保护措施，减少项目建设所带来的环境压力。

由于市政工程环境影响是一种环境外部性问题，而市场在面临外部性问题时由于存在着受搭便车效应和环境效益溢出等的影响，在环境外部性问题的解决上是失灵的。所以，为了使公共免受外部性带来的环境侵害，解决环境影响外部性内化为政府市政工程建设成本问题，以及督促、激励城市政府加大对环境改善工程的投资，政府的市政工程必须严格按照环境制度规范其环境相关行为，强制其采取行动措施将生态环境影响降到最小，必须进行环境规制。

环境规制是指由于环境污染具有负的外部性，政府通过制定相应的政策与措施，对人类的行为进行调节，以达到保持环境和经济发展相协调的目的，本质上是各种环境制度的执行。环境规制是以一系列法律制度体系为基础和后盾的,单纯地靠伦理道德约束人类行为是不够的,会带来太多的投机选择性。所以,解决上述各种外部性问题,其关键在于环境制度的完善性与执行的有效性。市政工程环境影响结果如何,同时也是相关制度的绩效反应。

环境规制主要有两种手段,即直接规制手段和环境规制的经济手段。在经济手段中,主要包括排污收费制度、产权制度、环境税收制度等。直接规制手段即正式环境法律制度,主要包括环境影响评价制度、环境标准制度、环境审计制度、环境保护法等环境制度。环境制度即直接规制手段作为规制手段的一种,其实行力度与市场机制的完善程度有着密切的联系。一般来说,不成熟的市场经济条件下,更倾向于直接规制手段,而成熟的则偏向于经济手段。在市场经济发展初期,我国依据国情,主要采取直接规制手段。所以,市政工程的环境规制主要是由直接环境制度所控制的,直接环境制度是决定市政工程环境绩效的内生变量之一,决定着市政工程环境外部性解决的情况。可见,市政工程环境影响与其相关环境制度是分不开的,我们要想改善市政工程的环境影响现状,必须找出控制、制约市政工程环境影响的主要制度,找出制度根源并给予改善。

(二)环境制度在市政工程中的作用

制度是为约束在谋求财富或本人效用最大化中个人行为而制定的一组规章、依循程序和伦理道德规则。制度提供给人类一个活动可选择集以形塑人们行为,指导着人们什么事可为,什么事不可为。可以说,没有制度,世界将会变成一切人反一切人的世界,毫无效率、进步可言。

同样,制度在市政工程中也是起到不容替代的重要作用。在市政工程的环境影响中,对其进行规范控制的、提供激励监督机制的主要是环境制度。笔者认为,环境制度对市政工程来讲,提供的核心功能是激励和约束。在市政工程中,环境影响评价制度、环境标准制度等环境制度,通过禁止机会主义、鼓励环境增益行为、提供有效信息以及减少外部性要求等对市政工程环境行为提供激励与约束,从而约束政府在多元目标下的政府偏好,进而实现减少环境负外部性以及增加城市生态环境工程投资的目的。总的来说,环境制度为市政工程提供了一系列环境可行性的选择集,提高了行为可预见性,激励约束着市政工程以起到减少环境负外部性和增加生态环境工程投资的作用。

对于市政工程而言，环境制度对其的制约不仅体现在负面环境影响方面，也体现在正面环境影响方面。对于负面环境影响而言，同其他产生生态环境破坏的人类行为一样，受到政策、制度的制约，并按规定必须采取行动控制生态环境影响，将市政工程的环境负外部性降到最小，将本来会给别人带来的环境负效益内部化为工程成本。带来正面环境影响的市政工程，是改善城市生态环境的工程，如增加环境设施等的建设工程，同样受制度制约。致力于改善环境的市政工程，其达到的标准受环境标准制度、政策制度甚至是公共财政制度等控制。而且，尽管产生了好的环境影响，其工程过程仍然要受到监督审计制度的控制，进行相应的审计，以便合理评价城市生态环境的改良绩效。无规矩不成方圆，任何事物的有效运转，必须有着相应的监督激励制度。同样，市政工程要想实现经济、社会、生态环境效益的统一，全面提升其生态环境效益，必须遵循相关的法律规章制度，受环境制度控制。

（三）市政工程环境制度系统的内在组成

任何一种秩序都必须依靠一个稳定、内部各项制度相互协调的制度系统才能够得以实现。同样，市政工程的环境外部性的有效解决即降低市政工程产生的环境负外部性以及增加对改善城市生态环境的工程投资而补充市政工程的正外部性不足，控制市政工程环境影响，总体上提高市政工程的环境绩效，也并不是靠单一制度就能实现的，而是靠与其相关的环境制度系统来实现的。通过大量阅读文献和查看相关案例，笔者将对市政工程环境有影响或控制作用的制度纳入市政工程的环境制度系统。笔者认为，影响市政工程环境影响的环境制度系统应包括公共财政制度、环境影响评价制度、环境标准制度、环境审计制度以及每个环节都涉及的公众参与制度。

在市政工程建设项目提出阶段，公共财政制度的确认使得公众可以充分发挥投资者的权利，参与市政工程的项目选择决策各个环节。公众的有效参与，可以使公众有效表达其环境需求，并要求政府部门给予实现。有效的公共财政制度可以使政府基于公共的环境需求加大对城市生态环境改善的投资力度，遏制政府提出的破坏城市景观、生态等的"形象工程"。环境影响评价制度主要用在市政工程的可行性分析阶段。在可行性分析阶段，从生态环境角度来看市政工程建设是否会造成重大生态环境影响，以确定工程是否通过。当然，为了防止市政工程建设的部分改变和未预测到的因素引起的生态环境影响，环境影响评价要贯穿市政工程建设的始终。当面临环境影响评价没有预测到的生态环境影响时，要进行环境影响后评价或者重新进行环境影响评价，以将市政建设所产生的生态环境影响降到最小。环境审计制度应用于市政工程建设的后期阶段即市政工程建设完成后的投入使用阶段。通过环境审计制度审查市政工程建设中在生态环境影响方面是否存在违反规定的现象，市政工程建设是否具有生态环境合理性，环境影响评价是否有效、充分以及评价市政工程的生态环境绩效等，对市政工程建设的生态环境影响进行总体评价。有运营就要有绩效评价，没有绩效评价或审计监督就没有所谓的有效运营。想提高市政工程的生态环境效益，就必须加强环境审计，所以，环境审计制度是督促市政工程生态环境绩效所必不可少的制度。任何事情的有效运行都离不开一定的标准，市政工程的环境影响评价、污染物排放控制指标等同样也是需要一定标准的，这就是环境标准制度。环境标准制度就是为环境行政管理等提供依据的制度。环境影响评价制度离不开环境标准制度，环境审计制度离不开环境标准制度，环境标准制度与环境管理及环境制度等是分不开的。这是因为环境标准提供着各种环境质量标准和污染物排放标准等。同时，环境审计和环境影响评价过程也可以反映出环境标准制度的不足。公民参与机制是贯穿市政工程建设始终的，其在市政工程的各个阶段都起着重要的作用。在上述提到的环境制度中，都应有着允许公众充分参与的制度规定。为了保证公众在环境管理事务中的大量参与，我们必须加强、完善环境参与制度、环境信息公开制度、环境司法救济制度等建设。

一个不受人类干扰的生态系统具有相对稳定性和动态平衡性，之所以具有长期的稳定性和平衡性与其内部完善的反馈系统和自身运行规则是分不开的。同样，市政工程也是如此。市政工程要想完美地体现生态环境利益就必须有完善的、与市政工程相连的环境制度系统。一个不完善的制度系统有效性很低，且发挥作用的能力有限。所以，市政工程之所以会出现一系列生态环境问题，生态环境效益较低，与市政工程建设制度系统不完善是分不开的。

（四）市政工程相关环境制度的发展

制度变迁是制度的替代、转化和交易过程。一项制度产生之后，随着社会经济的发展、各种条件的改变以及人类认识水平的提高，制度有着向能够实现更高制度绩效方向发展的趋势。根据新制度经济学中所说，制度变迁总是有着发现新生利润的新生利益团体，而这种新生利润就是所说的相对提高的制度绩效。

  中华人民共和国成立后，我国大力发展社会经济，改善人民的生活水平，提高人民的物质基础，工业化和城市化进程发展迅速。但是，由于最初生态环境意识的薄弱，导致经济发展产生了严重的生态危机和环境污染，严重阻碍了人类的发展。从1972年开始，我国陆续颁布以保护环境、防治污染为目的的环境制度。从最初的以控制和治理环境污染为目的的环境制度，发展到今天的防治结合的环境制度体系。从我国环境制度开始颁布开始，已经历经了50多年。在这期间，我国环境制度不断创新完善，并取得了一定的生态环境效果。与市政工程环境影响相关的环境制度同样经历了从无到有的过程，并为了实现更高的制度绩效即生态环境效益，在不断地改进完善。在本节，我们只介绍与市政工程环境影响相关的环境制度的发展。

  环境影响评价制度是对环境影响评价给予法律规定、确定其法律地位的制度，它规定决策者对可能带来生态环境影响的人类行为作出决策确定之前，应事先就各种方案可能造成的环境影响进行预测、评价和比较，从而选择最适合环境的意思决定。环境影响评价是为有效预防生态环境问题而建立起来的，它将防治生态环境问题的生态环境措施由事后治理提到人类活动行使之前进行预防。环境影响评价制度最早于1969年在美国法律制度中予以规定，并从颁布之初开始，由于其对人类行为活动产生的环境影响具有前瞻性和预见性，便被各国纷纷仿效。在我国，环境影响评价制度其实从中华人民共和国成立已经开始不断演化，经过长时期的发展，在借鉴国外比较完善的环境影响评价制度下，结合国内实际情况，于2002年颁布了环境影响评价制度，并于2003年开始施行。经过近年的发展，环境影响评价制度已在不断地完善。环境影响评价制度规定的评价对象，在不断地发展扩大，从最初只是针对建设工程，到如今已经涵盖了规划活动。与国外实行的以公众参与为主的环境影响评价制度不同，我国环境影响评价制度则主要靠环保部门负责组织、审批相关人类建设项目或规划的环境影响评价。在公民权利不断发展以及环境权意识不断提高的今天，公众参与环境影响评价已经是一个不可或缺的环节。在环境影响评价中，公众参与的强度在不断加大。环境影响评价制度从创立之初开始，就在不断地改善，且发挥着不可替代的作用。但是，从环境影响评价制度的运行绩效及实际的实践角度来看，环境影响评价制度的制度绩效并不是很突出，存在着这样那样的问题。环境影响评价制度在市政工程建设环境制度系统中占据着重要的地位，因其在工程实施前充分分析、评价市政工程建设的环境可行性，并对其生态环境影响进行预测的基础上提出防治方案。但是，市政工程在进行环境影响评价后，仍然出现了各种各样的生态环境问题。这说明，我国环境影响评价制度仍存在着漏洞和缺陷，而正是制度的漏洞或缺陷导致市政工程施工开始后各种各样的生态环境问题。总之，我国的环境影响评价制度仍需不断完善。

环境标准制度从20世纪70年代开始在我国实行，并在不断地发展。环境标准制度作为一项正式的环境法规，囊括了环境质量标准、污染物排放标准等，从施行开始便为环境管理、环境质量评价、污染物排放等提供依据。此外，环境标准制度也是其他环境法律的部分标准依据，如环境影响评价制度、环境审计等都离不开环境标准。环境标准制度规定的环境标准是行政上可能达到的状态，它的制定需要依据一定的科学技术来实现，一个高水平的标准会带来高质量的生态环境，同时这种高的环境标准需要更高的科学技术。所以，环境标准应当根据科学判断随时进行必要的修改。随着社会经济的发展、科学技术水平的提高、人们对生态环境需求的提升以及对环境权要求的呼声越来越高，环境标准制度也在不断地修订、变迁，以适应时代发展的需求。目前，我国环境标准制度仍然存在着方方面面的制度缺陷，而这些制度缺陷导致环境标准制度的制度绩效不理想即表现出来的相应的生态环境影响。在市政工程中，环境标准制度为其进行环境影响评价，环境审计提供相应制度标准，为市政工程的环境行政管理提供相应的法律依据。而环境标准制度的缺陷，导致市政工程环境管理依据不足或可依的标准起不到环境保护的效应。为了使环境标准更好地发挥生态环境效应，必须对其制度缺陷进行分析并改正，同时找出市政工程环境影响的环境标准制度根源。

审计是对事情的评价、鉴证和监督，可见，环境审计即对人类活动产生的环境影响进行的评价、鉴证和监督。环境审计因生态环境问题的日益严峻而产生，根源于人民对政府或者企业履行环境责任的要求的迫切性，是对人类活动产生的实际环境影响进行评价并将评价结果反馈给相关负责人，以提高人民对生态环境的保护和有效控制为目的的审计行为。环境审计在我国起步较晚，但是随着我国对环境审计重视程度的加深以及不断借鉴国外实际经验，环境审计已经取得了不少成就，并且有着自己的特色。我国环境审计是在传统审计的基础上发展而来的，所以，可以说环境审计脱胎于传统审计，也可以说是传统审计的一个分支。基于这一原因，近年来我国环境审计主要针对国务院环保部门以及地方环保部门有限的环保资金的投入使用进行财会审计，主要关注环保资金使用的合法性。经过十多年的发展，我国学者、法律工作人员不断深入对环境审计的研究，从环境审计内容、环境审计依据、环境审计程序及类型等进行分析，并与国外先进的环境审计进行对比，以完善我国的环境审计，如我国审计局已开始了绩效审计的开发工作。但是，从环境审计的实践经验来看，我国环境审计取得的成绩并不明显，这与我国还相对落后的、不健全的环境审计是分不开的。

任何工程的投资建设都离不开资金，市政工程建设同样离不开政府资金的投入。要想杜绝"形象工程"等市政工程建设所带来的环境影响和资金占位，增加对生态环境工程的投资，就必须从资金投入上进行控制。政府的资金来源于纳税人，政府只是公众部分资金的代理人。根据委托－代理理论，作为代理人的政府，其投资应本着公众的投资收益，体现作为委托人的公众的需求－投资意愿，以避免政府投资脱离公众利益，出现委托－代理风险。市政工程提供着市场机制失灵所不能提供的城市居民需要的城市基础设施，是利用市民的税金进行的投资，其必须体现投资人的意愿，让投资人－市民在市政工程选择等各环节有着知情权、参与权、决策权和监督审计权。为了实现上述目的，就必须建立公共财政制度。目前，公共财政制度在国外已经发展得比较健全，而我国却迟迟没有建立该制度。这就使得我国公民在本身对公共财政意识已经较弱的基础上，更是对自己的税金是否有着体现自己利益的投资缺乏关注，这也是政府作为税金的使用者在投资上不受过多控制的原因。于是市政工程建设项目中总是会出现形象工程，总是缺乏人们越来越关注的生态环境投资。

第二节 市政工程环境制度的创新与完善

在制度均衡状态下，没有潜在利润的出现，人们对制度达成的状态是满意的。然而，市政工程中出现的各种生态环境问题，说明市政工程的环境制度绩效并不理想，仍然存在着潜在的环境利益，人们对制度达成的效果是不满意的。制度的完善或变迁可带来额外利润，要想获取市政工程中的额外环境利益，就要弥补市政工程的环境制度系统缺陷，完善市政工程的环境制度系统。为了在市政工程中实现更高的生态环境效益，笔者对市政工程环境制度系统的各个子制度分别提出了改进意见。

一、建立公共财政制度

政府所有的市政工程都必须有一定的财政基础做后盾，若是没有这些财政基础，任何政府工程都得不到实施。市政工程的建设资金来自公民的投资与投资收益，是一种公共财产。所以，无论是作为代理人的政府，还是作为委托人的公众，在政府公共资金运转中，都必须保持公共财政意识。公共财政的有效实施必须依靠完善的公共财政制度，所以面对我国目前还没有建立公共财政制度的现状，必须尽快建立健全公共财政制度。

（一）确立民主财政原则

市民作为城市政府资金的委托人，应该享有一般投资人所享有的权利，如对资金是如何运用等的知情权，有反映和商讨自己投资意愿的参与权，也有选择资金用途的决策权，更有着作为资金所有者的监督权。城市政府作为资金的代理人，在进行市政工程决策时必须确定与市民所需或者市民的利益相吻合，而这种吻合的实现必须在充分满足市民对公共财政的知情权、参与权、决策权以及监督权的前提下才能达到的。

知情权是市民参与城市公共财政管理的前提，要让公民充分了解自己城市的公共资金在市政工程中的运用情况，必须增加公共财政相关方面的透明度。而透明度的提高，就需要进一步加大对政府财政预算、管理体制等方面的改革力度。市民的有效参与可以保证市政工程建设朝着市民所需要的方向发展，而有效参与需要公共财政制度对听证制度、问责制度等相关参与制度进行规定。同样，决策权和监督权是作为资金所有者的委托人或者投资人所必须拥有的权利，在公共财政制度中应纳入对诉讼权、司法救济权等的制度规定。

随着城市的发展，市民对城市发展中的生态需求越来越高。在市政工程建设中对城市生态环境破坏的情况比比皆是，而治理城市生态环境问题的市政工程是少之又少，这与人们的真正需求是相悖的。在市政工程中，作为资金的投资方却无法满足自己的需求，是与市政工程的初衷或者说投资者利益最大化原则所不相符的。人们的需求并不是一成不变的，人们的认知能力也不是一成不变的，所以，在人们需求逐渐改变和认识能力逐渐成熟的情况下，市政工程必须本着公共财政制度中规定的民主财政制度原则让公民充分参与，以便人们充分反映自己的城市生态需求，以减少生态环境破坏或者增加生态环境治理与保护，从制度上根本杜绝把本可以用于生态环境公共投资的资金运用到"形象工程"建设中去的现象。

（二）合理规定公共财政支出

合理的支出结构也应是公共财政政策改革的重点。根据产权理论，由于"搭便车"等原因，人们对于私人产权的关注要远远多于对非私人产权的关注。近年来，政府改革的趋势是建立服务性政府，逐步退出市场，应付市场机制所不能应付的问题即市场失灵问题。所以，政府应该减少对能进行市场核算的政府支出，而应该把更多的财政支出放在公共物品或准公共物品的提供或改善上，加大公共物品或者准公共物品所占的财政支出比重。公共物品或准公共物品中与生态环境改善、维护、修复和保护相关的物品投资所占的比重也应该加大，这是我国城市在城市化、工业化中产生的大量环境污染或生态破坏的必然要求，是城市可持续发展的必然选择，是在我们对城市生态系统过度使用后所带来的各种城市生态系统的超量负荷的必要补偿。

过去由于对生态环境问题的忽视和对经济发展的过分重视，使得我国城市在城市化和工业化进程中对城市生态系统造成了极大影响和破坏。随着城市发展，人们逐渐发现宜居城市是经济和环境都得到很好发展的地方，单纯的经济增长并不是发展，因而人们逐渐对生态环境投资产生需求。我国城市每天产生大量废水、废气、废渣、垃圾等，完全超出了城市生态系统的自我处理能力，这就需要依赖人力投资对超负荷这部分给予处理。然而，目前我国城市中污水、垃圾等的处理率仍然达不到要求，有些小中型城市甚至没有处理设施或者处理设施配置较低；有些大城市虽然有着先进的技术和设施，但分布不系统或者覆盖面达不到要求，这些都值得我们关注。而这种与生态环境有关的公共物品的短缺是与公共投资不足紧密联系在一起的。这就要求我国尽快完善公共财政制度，并调节公共财政投资结构，逐渐加大对生态环境投资，以寻求城市可持续发展。目前，我国生态环境等方面市政工程建设处于"S"形曲线的快速增长时期，而这一发展时期正是需要投资的重点阶段，所以，加大环境公共物品供给工程在市政工程中的比重，改革市政工程投资结构就显得十分迫切。

二、完善环境影响评价制度

环境影响评制度作为环境法中一项重要的法律制度，在市政工程环境制度系统中也占据着重要的地位。完善的环境影响评价制度可以更加有效地预测并控制市政工程建设中的生态环境影响，达到保护城市生态系统的目的。为了提高人类生态环境保护的绩效水平，完善环境影响评价制度，笔者认为可以从以下几个方面对环境影响评价制度进行改善。

（一）扩大环境影响评价的对象

政策、计划、规划等常是市政工程兴起的源头，又由于政策、计划、规划等战略层面的意思决定一旦失误将会带来相当范围的重大环境损害，所以，政策、计划、规划等也常是市政工程环境影响产生的源头。为了从源头上减少市政工程的负面环境影响，同时也为了避免政策、计划、规划等给社会带来重大环境影响，必须在政策、计划、规划的早期决策过程中，将环境因素作为与经济、社会因素等同的因素进行考虑，进行环境影响评价。对政策、计划、规划进行的环境影响评价，就是我们所说的战略环境影响评价。从各国的环境影响评价制度的

路桥工程管理与给排水规划设计

立法实践来看，战略环境影响评价是环境影响评价制度不可缺少的组成部分。为了充分、有效地发挥环境影响评价制度的防治功能，必须进一步完善我国环境影响评价制度的使用范围。针对我国环境影响评价对象只包括建设项目和规划的情况，笔者认为可从以下两方面完善战略环境评价。第一，增加对立法、政策和计划进行环境影响评价的规定。凡是可能给环境造成重大影响的立法、政策和计划必须进行环境影响评价，确定其环境可行性。同时，"重大环境影响"或"不良环境影响"作为判断是否应进行环境影响评价的客观标准，必须在此予以明确规定。第二，环境影响评价是系统化的程序性制度，在将政策、计划、法规等战略性行为纳入环境影响评价范围的基础上，必须对其评价的方法、程序、内容等作出可操作性的具体规定，以评价其环境可行性，从源头上控制生态环境影响。

（二）扩展环境影响评价的内容

市政工程作为一个涉及面广的工程，它对城市生态系统造成的影响是各种各样的。然而，在市政工程建设中产生的绿色植被破坏、土壤生态破坏、景观破坏等现象在环境影响评价制度的内容中没有具体规定，造成市政工程的某些生态影响没有前期防治对策，对城市生态环境造成负面影响。为了防止市政工程中的生态环境破坏，环境影响评价制度的评价内容必须包括绿色植被、土壤生态、景观等生态环境影响的具体评价内容、方法、指标依据进行规定。此外，为了确保市政工程建设与当地社会文化、经济、环境相适应，环境影响评价制度必须对社会评价进行具体规定。社会评价包括社会评价的范围以及相关利益群体的确定、参与和协调的具体规定。南京地铁三号线中出现的植被破坏、生态景观受影响以及与社会文化相悖等就是由于环境影响评价中内容规定部分缺少所导致的，而这部分内容的完善，会有效防止这部分生态环境破坏。

（三）完善环境影响后评价制度

由市政工程的本身特点所决定，市政工程在建设实施中，难免会出现改变规划、改变线路、改变方法甚至是方案的情况。此外，由于人认知的有限性，在环境可行性分析阶段的环境影响评价中，难免会出现对市政工程环境影响预测不到或不准的情形。为了有效控制上述情况所带来的生态环境问题，市政工程必须进行环境影响后评价或者重新进行环境影响评价。所以，为了防控如市政工程建设这样的一些不可预知的生态环境影响，针对目前我国建设项目的环境影响后评价报告报只需向原审批单位备案即可的情况，环境影响评价制度必须对环境影响后评价的范围、内容、程序、方法进行具体规定，并加强环境影响后评价执行力度。环境影响后评价是可操作性的制度，而不是宏观的原则性规定。环境影响后评价的范围应按照环境影响程度进行界定，对于影响程度较大的工程建设应重新进行环境影响评价，这样可避免大型改变造成的生态环境影响因只需备案而得不到控制。最后，笔者认为还应加强环境影响后评价的法律地位，对应进行而不进行环境影响后评价的建设单位的法律责任进行明确规定。

（四）完善公民参与程序

环境影响评价制度中的公众参与制度，指建设单位及审批环境影响报告书机关以外的其他机关、地方政府、社会团体、学者专家、人大代表、政协委员、当地居民等，通过法定的方式，参与环境影响评价的制作、审查与监督等的活动。环境影响评价制度中公众参与制度应是程序性法律，而不应该是原则性规定。为了保证环境影响评价中的公众参与的充分性，在公众参与的实施办法或细则中将原先的原则性规定具体化，对公众参与的程序、方法、内容、时间点等作出具体的、可操作性的技术规定，完善公众参与程序。面对不同的工程类型，对公众参与的主体范围和数量作出不同的规定，此外，还必须明确征求公众意见以及意见处理、反馈等的操作过程。公众参与的程序性规定可以保证公众在市政工程环境影响评价中的充分参与以提供宝贵的环境信息，从而避免各种可能发生的环境影响。

三、改进环境标准制度

环境标准制度是环境管理、环境决策的基本依据，决定着环境污染物可排放程度，决定着环境质量的评价标准和要求标准。对于市政工程而言，一方面，环境标准的有效性可决定其环境影响评价的有效性与否，甚至是通过与否，一个好的、完善的环境标准制度可使环境影响评价对市政工程建设中的环境要求更高，并针对更高的环境质量要求提出全面的环境保护措施和方案，从而将环境影响降到最小。另一方面，城市生态系统的环境质量是依照环境标准制度来评价的，一个先进的环境标准能使得城市政府投入更多的努力以达到一个更好的环境质量层次。只有一个与时代要求相适应的环境质量标准才能使得政府在市政工程中加大环境工程的投资比例，从而治理越来越严重的城市生态系统问题。可见，要想减少市政工程建设对城市生态系统造成的负面生态环境影响，以及增加城市生态环境改善工程在市政工程中的比例，必须完善我国的环境标准制度。笔者认为，主要应从以下几个方面进行环境标准制度的创新。

（一）加入污染物总量控制标准

污染物排放所涉及的不仅有浓度大小还有总量大小。对于一个小型污染源来说，浓度大小控制可能会发挥理想的效果，但是对于一个有着多处污染源的大型污染体来说，光是浓度控制是不够的。我国"重浓度控制，轻总量控制"的污染控制政策忽视了环境容量的有限性及污染程度是由污染物总量决定的事实，最终非但没有有效地控制污染物的扩散，反而造成了污染状况的恶化。在污染物排放标准中，没有污染物排放总量标准是不合理的。总量控制是以污染物排放总量与环境目标之间的定量关系为基础，面向区域环境从而实现区域防治的重要制度性措施。因此，为了对污染物排放总量进行控制以达到减少环境污染和生态破坏的目的，无论是在国家污染物排放标准还是在地方污染物排放标准中，都必须加入污染物总量排放量化控制指标，对污染物排放总量进行法律限制。市政工程作为有着多个污染源的大型污染体，在遵循污染物排放浓度标准的情况下，同时对其排放总量进行强制性控制，可以在区域范围内达到保护生态环境的目的，减少市政工程负面环境影响。

（二）完善生态环境影响指标

市政工程建设作为城市生态系统的一种能动行为，其产生的环境影响是对整个城市生态系统的影响。市政工程在其施工中，不可避免地会造成各种生态环境影响，如绿色植被破坏、土壤破坏、景观破坏等。然而，在我国环境标准中，对于生态环境影响方面的规定却是少之又少，使得市政工程等人类活动在涉及生态破坏时无法可依，不受法律控制。这就要求我们必须引入生态环境相关指标，以使得在评价工程生态环境影响时有标准可依。环境标准是衡量排污状况和环境质量状况的尺度。对于衡量和控制排污状况而言，我国包括环境质量标准、污染物排放标准、环境监测方法标准和环境基准标准在内的环境标准体系完全符合要求。然而对环境质量状况的评价不仅包括对环境污染的衡量，还应包括对生态环境影响的度量，所以仅靠污染防治制度是达不到要求的，必须在环境标准体系中加入评价生态环境影响的量化指标，以使市政工程等人类活动在生态环境影响方面受到控制。

（三）建立环境标准修订制度

环境标准是综合性指标，是依据国家当时的技术水平、经济条件、环境保护政策以及国民健康生活状况综合平衡以后颁布的，它在颁布实施以后会产生什么样的效果，是否与实际情况相符合，还需要适时考察，并且随着国民经济的发展和人们生活水平的提高，对环境品质的要求必定会逐步提高，因此，环境标准要适时复审和修订是各国的通例。随着我国科学技术水平的进步以及人们对生态质量要求的提高，环境标准指标也应该达到进一步的高指标要求。为保证环境标准实施的有效性，我们必须及时地对环境标准进行修订，以建立符合实际情况的、具有时效性的标准体系。然而由于我国目前缺乏环境制度修订机制，使得我国很多环境标准难以得到及时修订，满足不了实际需求。因此，我国环境标准制度中必须对环境标准的修订原则、方法和程序等进行明确而具体的规定，从而保证环境标准制度的时效性，杜绝我国某些环境标准多年未变、指标落后的现象，以使得环境标准真正发挥作用。另外，在环境标准修订程序中，还应包括评价环境标准时效性的方法以及两次评价的最大时间间隔的规定。

四、健全环境审计制度

环境审计是迎着日益严重的环境生态问题产生的，起着评价、鉴证和监督各政府部门和企事业单位的环境责任履行程度的作用。环境审计的有效执行对环境责任的有效履行起着至关重要的促进作用，一个相对完善的环境审计制度是环境审计有效实施的法律依据和出发点，为环境审计的有效运行提供法律保障。环境审计制度的缺失或不足都会影响甚至制约环境审计的执行与发展，而这些都将最终对环境审计运行及环境责任履行的审查起到一定的阻碍作用。

（一）加强社会审计的力度

环境审计体系包括国家审计、社会审计和内部审计三部分，国家审计在我国的环境审计体系中占据着主导地位。目前各项市政工程建设的环境审计几乎都是由国家审计来完成的，而这其实是与委托－代理理论相悖的。

市政工程是相关政府部门运用公共资源进行旨在为人们提供公共设施或增加人们福利等的一系列建设活动。政府和人们通过委托－代理契约形成各自的权利和义务。作为代理人的政府得到公共资源的使用决策权，而作为委托人的人们则应有监督权和更高层次的决策权。然而委托人和代理人的利益和信息拥有量并不是完全一致的，这些不一致会致使双方发生利益冲突的可能。委托人为了保护自己的利益就要聘用相应的审计机构对代理人的环境责任履行程度进行评价、鉴证和监督；或代理人为了向人们保证或者证明其责任的有效履行，聘用独立的审计机构对自己责任的履行程度进行客观公正的评价。但不论是哪一种情况，都应站在保护委托人利益的角度去开展。国家代表着人们的利益，国家审计也要确保不背离人们的利益，但这却不如作为独立机构的社会审计来得有保障。

环境审计制度体系应加强社会审计的主体地位，在市政工程的审计中应确立社会审计的地位，在某些环节上应注明必须采取社会审计，以使审计结果更加真实，更能体现公民的环境利益。政府目标的多元性以及各目标中环境利益的劣势地位，也是决定环境审计采取社会审计的原因。

（二）引入环境绩效审计

长期以来，我国的环境审计主要是针对环保资金的来源到其去向的资金链的运转，而很少对政府环境绩效进行审计，更甚者对资金的财务绩效都没有给予关注。绩效审计源于西方，突破传统的财务审计只关注财务资料的真实性、合法性和合规性的局限，对人类的各种经济社会活动的效率和效果进行评价。环境绩效审计就是环境审计与绩效审计的有机结合，是对被审计单位的环境责任履行情况的评价。作为社会人和自然界的一员，每个人的行为不仅体现着经济效益、社会效益，而且体现着环境效益。要充分对环境效益实现程度进行评价，就需要对环境绩效进行评价。这就要求我们在环境审计制度中要确定环境绩效评价。

首先，在环境审计制度中，明确环境绩效审计的目标、主体、客体。环境审计的目标是评价被审计单位环境责任的履行情况。其次，在政府绩效审计制度中引入环境绩效。政府的目标具有多元性，分别体现着经济、社会和环境等各方面的利益，而政府基于其本身利益会有偏向地倾向于某一方面利益的实现。目前，我国对各级政府及政府官员的审计主要集中在经济成果上，这与我国可持续发展战略目标的实现是不相吻合的。在政府绩效审计中确认环境绩效审计的权重和地位，可以更加客观全面地反映政府和政府官员的绩效水平，促使政府更加注重环境绩效成果，加大对环境治理和环境保护的投入，并在市政工程建设和运营中尽可能地降低负面环境影响。

五、完善公众参与制度

市政工程中的环境利益是各利益相关者博弈的结果，即政府部门和市民或公众进行博弈的结果。在最初的市政工程中，公众只是作为一个被动接受者，无法参与到市政工程相关环境活动中，而政府作为唯一的参与主体，决策着市政工程中实现的生态环境效益。当公众参与主体地位缺失时，政府缺乏必要的约束机制，这就造成市政工程为了充分实现旨在提高市政工程政绩的经济指标，而忽略生态环境效益。随着民主、环境权意识的提高，公众作为市政工程的参与主体地位被确定，为避免城市生态环境影响，成为一股约束、控制政府环境行为的力量。公众的充分参与，一方面作为利益相关方制约着政府部门在其工程的生态环境影响方面的任意作为，另一方面也为政府部门更好地控制环境影响、提高生态环境效益提供了更充分的、必要的信息来源，同时也降低了公众和政府因缺乏必要的沟通而导致公共事件的可能。笔者认为，为了尽可能地避免市政工程建设的生态环境影响，充分体现公众的生态环境需求，避免市政部门侵犯公众环境权，必须从以下几个方面进行制度创新，完善公民参与机制，保证公民在市政工程建设中各个环节的充分参与。

（一）对公众参与作出一般性规定

环境管理是一项涉及社会各方面的系统性活动，公众作为社会系统的组成部分，其有效参与是环境管理有效性的必然要求。在国外，公众是环境决策、审计、监督等的主要参与主体，政府部门在作出环境相关决定时，常受公众所控制。而环境法下的各种与环境利益相关的环境制度,都各自从不同的角度对公共参与进行原则性规定,较少涉及程序性的具体规定。为了避免不同环境制度中对公众参与制度规定的不同甚至是对立,我们有必要对公众参与制度作出一个统一的一般性规定,明确公众参与环境事务是公民的一项法定权利,且对公众参与的范围、途径、方式等作出总体性规定,进而明确公众参与的法律效力,以统领其他环境法律法规的公众参与的程序性规定。此外,将环境权纳入人类的基本权利,使之成为人类的法定权利,这样公众的环境知情权、环境参与权、环境诉讼权等公众参与相关权利就有了权利依据,且为满足公众参与的充分性而建立的环境公益诉讼制度、环境信息披露制度、公民参与程序性制度提供基本的法律基础。

市政工程的环境制度系统中,各种制度都有着公众参与的原则性规定。我们将公众参与做出一个统领性的规定,可使各种环境制度并不需要再去考虑公众参与的原则性,而只需要在其制度上,针对其规制的人类行为特点,作出可操作性的程序性规定。

(二)建立环境公益诉讼制度

环境权是法律规定的、公民享有的在健康、舒适环境中生存的权利,是公民参与环境保护事业的基本权利依据。公民依其所享有的环境权,公民参与制度的规定,有权参与生态环境利益相关的决策、立法、规划、项目、监督、环评等,以维护其自身的公共环境利益。有权利必然要有救济,否则该权利就会形同虚设,无法充分实现。为了充分保障公民的公共环境利益,环境权免受侵害,很多国家纷纷制定了环境公益诉讼制度,如美国、法国、加拿大等都立法确定了公民面对环境公益受损时的诉讼资格、权利、途径。为了保障公民参与环境保护的积极性与充分性,我国必须借鉴国外先进立法经验,建立环境公益诉讼制度。

根据我国传统诉讼法规定,唯有直接利益人才有权提起诉讼,诉讼主体是私人利益受到损害的主体。公共环境权益受损时,面临的是一个受损主体范围广、不确定最直接受损人、涉及社会公益的纠纷,而根据我国传统诉讼法规定,这种情况下的权利主体不具备诉讼资格,无法通过司法诉讼环节维护环境公共利益。当政府的市政工程建设侵犯到人们的环境公共利益时,人们无法也没有有效的途径去维护其权益,甚至直到因生态环境问题影响而发生群体性事件时,政府才会关注公众的意见。南京市地铁三号线建设所引发的护绿事件，就是因为公众在面对政府侵犯其环境公共利益无法得到有效解决时所导致的群体事件。所以，要克服传统诉讼制度的不足，建立环境公益诉讼制度，确定人民在面对环境公共财产受损时的司法诉讼资格和权利，使人民在面对政府部门行为侵犯其环境权益时，采取司法救济途径，维护城市生态系统的稳定性。

另外，作为公共物品的城市生态环境，是一种公共财产，而人们又往往由于"搭便车"的心理影响，在面对政府部门破坏生态环境时，往往采取不予干涉的态度，因为干涉就要付出成本，如诉讼成本。正如科斯所说，人们关心公共物品的程度远远抵不过其关心私人产品的程度。为了克服这种情况，提高公众的参与程度，要建立诉讼减免费用制度等激励制度。

（三）健全环境信息披露制度

信息的充分性是公众参与环境立法、环境评价、环境监督、环境决策的基础。对污染物排放情况、污染物治理情况甚至是环境损失情况的充分了解，可以让公众有效地评价、监督市政工程建设中的生态环境保护工作，以提高政府环境管理水平、治理水平以及治理积极性，减少市政工程建设中的生态环境破坏。

环境信息披露制度决定着环境信息的公开程度、公众获取环境信息的充分性。为了保证公众获取环境信息的充分性以及防止政府权力的滥用，必须建立并完善信息公开即环境信息披露制度。环境信息披露制度针对政府与公众关于环境信息的非对称性，必须规定政府有向公众提供详细工程信息、生态环境信息以及反映生态环境治理绩效情况的义务，且不可无端拒绝公众请求公开有关环境信息的要求，以保障公众充分的知情权。此外，对听证会、座谈会的信息公开进行制度化规定，以使其真正成为环境信息交流场所。为了防止市政工程等的环境信息透明度不足，应对政府环境信息披露作出定期审计的规定。

市政工程中，市民作为城市的主人、纳税人，有充分的知情权，有获悉、了解市政工程的基本信息、生态环境影响的范围和程度、污染物排放水平以及治理生态环境时所能达到的理想水平等的权利。公众只有在获取充分信息的基础上，才能有效地参与到市政工程的决策、环评、监督、审计等过程中。环境信息披露制度的完善可确保市政工程建设信息的完全公开化、透明化。公众在信息充分的情况下，会大力参与环境事业，从而提高市政工程在生态环境方面的关注，并加大对保护、维护、完善生态环境方面的投资。

（四）完善公众参与程序性规定

公众参与分为两个阶段，即决策性参与和执行性参与。在笔者看来，公众的决策性参与和执行性参与正是公众意见的输出过程。在决策性参与中，公众作为城市生态系统的直接接触者和直接受影响者，通过听证会、研讨会以及论证会等的参与，获得信息，并积极发表意见，同专家和组织者一起作出决策，如工程的可行性与否的决策，以维护自己切身的城市生态环境利益。对于执行性参与，其实着重于监督和审计环节。市政工程建设在执行中，是否遵守方案设定的基于生态环境利益的生态环境保护措施，是否在工程执行中有其他生态环境破坏，受到公众的监督。公众在对执行性参与中获取的环境信息进行处理后，可将其作为输出信息反馈市政部门，要求其进行整改。公众的决策性参与和执行性参与都是具体的参与过程，一般的原则性规定并不能满足保证公众各种参与的要求。我们必须在对公众参与作出一般性规定的基础上，对公众参与作出具体的、可操作的制度性规定。

为了维护公众的生态环境利益，确保公众的充分参与，必须对公众的实质性参与程序做出具体的法律规定，在法律上明确公众参与的方式和内容。将公众参与作为一项硬性规定，将参与程序从信息发布到举行各种听证会等决策环节，再到公众在过程执行中获取的环境意见得到充分解决等作为具体法律性规定。

第三节　市政道路项目环境保护对策

根据对市政道路项目环境影响的评价，为使项目对环境的影响完全达到各项指标要求，需要采取适当的环境保护措施。根据以往市政道路建设项目管理经验，提出保护措施。

一、自然环境保护对策

（一）声环境保护措施

1. 控制设备机械噪声

（1）施工作业的各种施工设备和运输工具应保持正常运行，不得损坏。施工前，应按照机械设备的保养要求，对设备进行保养和修理。如果施工过程中发现机器故障应及时报告并排除。所有运输车辆进入现场后禁止鸣笛，以降低噪声。

（2）现场混凝土泵等大型机械设备进场前应检查验收，经有关部门检验合格并开具合格证后方可投入使用。在使用过程中，工作人员应做好可能发出噪声的部位的防噪声处理工作。

（3）现场施工和木材加工场地应设置隔声棚，可有效降低噪声。木材切割采用木工圆锯，棒材加工采用棒材切割机、棒材弯曲机等较新的设备，其操作性能好而且噪声低。

（4）设备在使用前应定期检查、验查和识别，并在使用过程中积极维护。在特殊情况下设备必须采取专门的噪声控制措施，如设置隔声防护棚、旋转装置防护罩，混凝土泵等设备采用环保机械设备。

（5）手持电锯、冲击钻，电镐电锤等小型电动工具有可能发出尖锐噪声，要控制使用时间和频次，夜间作业尽量避免。

2. 控制工程施工噪声

（1）施工前期，要向相关部门办理施工手续，其内容主要包括有关施工场地交通、环卫和施工噪声管理等。

（2）控制施工中的噪声，在脚手架搭拆、安拆模板、绑扎制作钢筋、搅拌混凝土等活动中，要将施工时间安排在白天进行，晚上超过9点后，要采取减少甚至拒绝作业等人为措施控制噪声。

（3）搭设和拆除脚手架或各种金属防护棚时，钢架的搭设应严格遵守搭设和拆除程序，并注意人工安全问题。特别是在拆除工作中，严禁将拆除的钢管或构件从高空抛掷。

（4）在结构施工中，应控制钢筋搬运、组装、拆除、绑扎过程中的冲击声，并按施工作业的噪声控制措施进行作业。严禁随意敲打钢管或铁块模板，特别是从高处拆下的模板。不可撬动它们，使它们自由坠落，也不可从高处抛掷。

（5）混凝土震动时，需要按标准施工顺序进行，在施工中控制尖锐噪声。在振捣器冲击模板钢筋过程中，可直接用环保振捣器进行噪声处理。

（6）料斗和车辆的废渣处理，不能采用铲、刮，万不得已的情况下，也要注意力度，杜绝随意敲打制造噪声。

3. 控制运输车辆噪声

（1）材料设备现场运输过程中，控制运输车辆产生的噪声和材料设备搬运堆放过程中产生的噪声，严格控制进入现场的车辆发出的声音分贝。

（2）钢管、钢筋、金属构件及配件等材料的卸载应采用机械提升或人工搬运，并注意避免剧烈碰撞和撞击产生的噪声。

（3）堆放易产生噪声的材料时，要小心轻放，不要从高处扔，以免发出很大的噪声。异地运输更要控制噪声的产生，避开城市人口密集区，而且要避免车辆对运输线路沿线道路的损坏和污染，避免噪声对沿线居民造成干扰。

4. 控制人为噪声

加大对人为噪声的控制，开展培训增强全体施工生产人员防噪声的素质，并在每周末进行现场培训，动员大家共同努力减少大声喧哗现象。

（二）空气环境保护措施

1. 控制施工扬尘

（1）建筑地四周用围墙进行遮挡。材料和堆场采用集中堆放，并用砌墙固定或彩钢板固定，围墙还可以隔挡风沙。

（2）作业区设置在现场附近的裸露硬化地面，并进行夯实后作为加工场、材料堆场和道路；废弃的地面开荒后种植花草、灌木等植被，以此降尘吸尘达到净化空气、美化环境的目的。部分场地采用铺设广场砖，每日洒水来减少尘土飞扬。

（3）运输车辆方面，采取遮盖顶部的方式，混凝土押送车的出料口必须有特质袋子进行包裹，进出场内必须到专门区域进行冲洗，检查符合后方可进离场。

（4）生活方面，要求工人全部使用新能源，生活区及工作现场禁止一切明火，严禁乱扔垃圾，禁止焚烧废物情况，以免造成危险和对周边环境产生不良影响。

（5）现场的混凝土、砂浆搅拌机均采用密闭式的防护棚进行防护，避免施工过程中产生不必要的粉尘污染以及噪声污染，并安排专人每天进行清理。

（6）在施工现场设置大型垃圾回收站，是暂时存放建筑垃圾的地方。小型废料池在回收站旁边，用于清理废料，部分资源可以回收再利用。

（7）水泥、沙子等材料，易产生粉尘，应设置在工地材料棚内进行密闭存放，确保材料棚密封，并定期巡逻，以防止大风天气对材料棚外壳造成损坏。

（8）钢筋场地必须硬化，并配备桥墩，以确保钢筋不与积水接触，防止腐蚀。雨季前应购买足够的覆盖材料，如塑料薄膜和帆布。覆盖材料必须放在距离近的现场仓库，以便下雨时能及时取得并覆盖。用完还可以收回，可重复使用并确保其完整性。

（9）设置加工棚，用作钢筋、模板木梢的加工。

（10）办公、生活区空地种草绿化，达到目测无扬尘的要求。

2. 妥善处置固体废弃物

（1）垃圾应分类堆放，运送至现场垃圾收集站，按照不同种类、是否可回收、是否有毒进行密闭存放。可回收的现场进行重复利用，不可回收垃圾统一由垃圾清运单位使用密闭式垃圾运输车清运出场。

（2）划分区域，将各施工区域分配模板、木方等，并设置垃圾回收堆放区，将材料分别存放，且存放点之间要有间隔，便于区分，防止现场木材乱丢，确保消防安全。

（3）在钢筋车间区设置两个区间，堆放和使用区，废弃金属集中堆放，如钢铁碎屑、断裂丢弃钢筋、被侵蚀的钢管等，避免废弃物对人身安全造成伤害。堆放点要选择干燥、通风的地点，设置防雨措施，避免被氧化，便于回收。

（4）废弃砂、混凝土砌块等堆放在固定场地内，周围采取相应围护和防尘措施，方便进行回填施工时使用。

（5）与环保部门指定的垃圾清运单位签订垃圾清运协议，定期清运现场生活、建筑垃圾。

（6）根据市政府的要求，对施工现场的生活垃圾、建筑垃圾进行分类，分类运出施工现场。

（7）施工现场有毒物品，如油漆、生活用的废电池、化学品等，单独堆放，并由环保部门指定的单位进行处理。

（8）加大宣传力度，张贴分类标识，扩大知识传播面，加强现场工作人员对垃圾分类和处理办法的了解，提升自觉意识，从源头上把好关，让大家养成垃圾分类、保持环境卫生的习惯。

（三）水环境保护措施

1. 在施工现场根据场地平面布置设置相应的排水沟、雨水沉淀池和废水收集池。现场降雨收集后用于冲洗车辆、清洁道路、冲洗厕所等。

2. 食堂生活区设置存油池。厕所利用堆肥方法设置化粪池、沼气池，以便回收再利用。化粪池垫层使用混凝土，四周砌筑抹灰，保证污水不渗漏。工地现场产生的生活、食堂污水，经过专门处理后排入就近的废水管道中。各沼气池、沉淀池、存油池、化粪池有垃圾车定时疏通，确保通畅。

3. 定期进行现场排放水质监测，做到排放无污染。

二、社会环境保护对策

（一）政府部门加强监管措施

1. 在公路项目正式开工前，与住建部门、交通部门、城管部门等进行沟通，在项目周边可能受影响的区域设置提示牌。

2. 在公交公司等的配合下，提前调整好公交车路线，通过电视、微博、微信公众号等渠道告知群众，便于群众调整出行线路。

3. 通知电力部门提前与施工方对接，明确施工路线，确保施工期间周围群众的供电情况，尽量避免出现断电、电压不稳等现象，如需断电，要提前通知住户并在夜间用电期间及时恢复供电。

4. 全方位收集基础资料，并保证其完整与翔实。项目的投资预测覆盖了各项目有关的信息，包含"三通一平"实际状况、地质条件、气候条件、材料市场价格等。在经济财务评价项目中，更要注重信息收集的精与细。同时，工程造价人员要具备判断资料可用性的能力，明确何种信息具有可利用价值，从而提高投资预测的可靠性。

5. 由管理型政府向服务型政府发展，积极主动改变行政管理角色，不断促进市政工程的质量监管更专业化和社会化，能让群众意见积极渗透其中，角色的转变也能反向促进执法的严格性，确保各个行为主体依法承担相应责任，在舆论方面，政府的压力也可以由各行为主体分担。

6.创新监管方法，完善监管举报机制，明确市政工程中质量控制要点，对于项目做好积极信息控制有重要作用。对于难以理解的指标做好解释说明，便于群众理解并进行判断。监管方式的丰富对于市政工程有着重要的意义和作用。

7.本项目内容涉及面较广，工程项目策划也具有显而易见的开放性，信息覆盖面积广泛，需要收集多方面的信息并形成完善的知识体系。单个部门是难以做好全面项目策划的统筹工作的，需要多部门多单位互相配合，互相分享资源并及时沟通，还要根据市场情况紧密结合企业的发展战略，再通过当前项目资源状况形成科学的规划，充分发挥资源配置优势。城市建设管理部门要发挥主体作用，积极与市规划部门商讨。双方要达成市政工程项目具体事项的共识，以总体规划为引导，合理优化各项细则，做好专业规划工作。

（二）施工方履行社会责任措施

1.在确定具体的规划后，将项目上报市政府，并经过发改委、财政局等部门的共同商讨后，论证项目的可行性。

2.以上级批复的项目清单为基本依据，根据当前情况如现场条件、建设需求、资金总量等，由建设管理部门编写项目建议书，完善前期材料多角度反映情况，并且按照正规正确的流程依次做好各项前期准备工作。要坚决克服复杂度高、施工难度大等问题，严格落实规则标准，并有效地解决影响周边日常生活、工期紧张及群众关系难以协调等问题，前期准备工作实际上直接影响着后续各个环节的进行，是提高工作效率的重要基础。

3.编制科学的项目策划方案，明确在社会环境保护中的管理工作的总目标和细分内容，并通过同类型项目所积累的宝贵经验，创建项目保护策划模板，提出具有适用性的施工标准，并尽可能提高项目实施的可行性和适应性，确保周边群众的日常生活和交通不受影响。

4.施工单位要时刻考虑施工过程中众多的干扰因素，否则可能导致前期策划难以落实，如突发情况影响到市民出行和日常生活，要根据实际情况及时改变前期项目策划方案以确保其适用性，要时刻以人为本。在施工过程中遇到新的风险，项目负责人要结合实际情况及时调整方案，确保行人的安全。特别是学校及医院附近的施工，要时刻注意施工过程的防护，尽量选取人流量少的时间段进行危险施工，施工时安排专人进行环境巡查，避免行人擅自进入施工现场，并设立警示牌提醒行人。

5. 项目进场施工前，在封闭道路两侧的机铺绿化带、人行道进行改迁施工，保证主道的通行，机动车道两侧 1.5m 处的临时人行通道与护栏之间用柔性立柱隔开，同时，重要路口中间封闭钢便桥，并做好隔音措施。

6. 通过绿色施工技术手段合理控制噪声污染，可以降低不良影响。一是避免噪声污染严重的项目夜间施工，保障施工时长符合规范要求。二是及时淘汰老旧设备，应用先进的、高科技、智能化、绿色环保、低污染的机械设备。根据设备维护与保养需求做好管理，保障设备始终处于最佳的运行状态。三是在市政道路工程施工中要尽可能地应用成型的材料，避免施工材料现场加工，进而达到降低噪声的效果。

7. 通过媒体渠道如微信、电视、微博、广播等，实时和群众分享项目进展情况，积极处理群众反馈的问题，获得群众支持。提前与百度地图等电子地图导航软件、滴滴打车软件进行沟通协调，及时更新道路线路。为缓解交通拥堵、避免造成混乱，项目施工前期，在交通部门的支持下，项目周边区域路口安排专门的交通疏导人员进行疏导，社会车辆禁止进入施工区域，特殊情况需请示领导后疏导员引导其绕行。

8. 项目竣工后，相关负责人要收集多方意见和建议，如周边群众、商户和中小企业对于整体施工过程中造成的经济影响进行反馈。管理者综合考虑并对整个阶段的项目策划工作做出客观且详尽的评价。对于整体项目的总结可以为以后市政工程的实施提供引导，有效规避缺陷。项目策划的闭合性主要体现为在得出竣工评价结果后将结果反馈日常工作中，从而给市政工程在社会环境保护方面提供引导，实现持续性的完善，提高市政建设水平。

（三）引导群众积极参与社会环境保护措施

1. 及时关注政府发布的动态信息，距离施工点较近的居民施工难免造成噪声污染的现象，要提前做好施工前的对策措施，对于轻微影响生活但是符合标准的操作施工要保持良好的心态交流沟通，不阻碍不闹事，确保双方权益不受损害。

2. 发挥村委会或社区委员会的作用，积极配合市政工程的实施，定期开展社区会议，缓解因施工不便对群众造成的不良情绪，确保社区的稳定。

3. 群众要自觉发挥监督作用，对于违规行为及时监督举报，坚决维护人民群众的利益，对于违规操作危及群众安全的行为要敢于行使监督权积极举报，维护社会环境的稳定。

4. 提高自身安全意识，远离施工现场，不聚群不看热闹，仔细观察警示牌，维护自身生命安全。

5. 积极参与问卷调查，反馈政府或企业的群众调查，合理提出要求，积极参与到市政建设中去。

结束语

在公路路桥工程建设中，质量一直是社会关注的重点。公路路桥工程的质量不仅关系到相应企业的效益，还关系到人们出行的安全，因此需要给予高度重视。在具体工作中，需要根据工程的实际情况，建立质量管理体系，对施工过程中的各个环节进行严格把控，严格落实质量管理措施，促进公路路桥工程质量的提升。

市政给排水设计者应根据城市的整体发展规划，结合不同区域环境条件的不同特点进行市政给排水系统规划设计，在设计中既要控制成本，还要满足城市给排水规范及使用年限的要求，为城市的发展、居民生活质量的提高打下一个坚实有力的基础。为保证市政给排水施工质量，需要工程负责人针对每个工程的施工环节做到认真仔细严格把关。针对市政给排水工程在建设施工中的施工技术和质量进行反复的检查，采用科学先进的施工技术，才能够使市政排水系统在施工完成后能够正常有效地发挥其功能。

参考文献

[1] 王梓轩. 市政给排水规划与设计常见问题[J]. 全面腐蚀控制, 2022, 36 (03): 52-53.

[2] 刘德龙. 城市给排水规划设计中的污水处理[J]. 科技创新与应用, 2022, 12 (08): 75-77.

[3] 饶亮. 路桥工程造价成本控制管理措施研究[J]. 工程与建设, 2022, 36 (01): 266-268.

[4] 徐世伟. 路桥工程项目施工管理的创新探讨[J]. 四川建材, 2022, 48 (02): 125-126.

[5] 姚成. 海绵城市理念下市政工程给排水规划设计研究[J]. 城市住宅, 2021, 28 (12): 145-147.

[6] 陈惠刚. 强化市政路桥工程现场施工管理对策[J]. 散装水泥, 2021 (06): 55-57.

[7] 连宝菊. 城市市政给排水规划设计分析[J]. 江西建材, 2021 (11): 271-272.

[8] 陈凯. 生态城市视域下市政给排水规划设计的作用分析[J]. 居舍, 2021 (30): 1-2.

[9] 余远胜. 路桥工程现场施工管理难点及应对措施分析[J]. 居舍, 2021 (26): 149-150.

[10] 孙利龙. 路桥工程施工技术及安全管理[J]. 工程技术研究, 2021, 6 (16): 193-194.

[11] 郑福志. 路桥工程管理存在的问题及解决方法[J]. 江西建材, 2021 (06): 284-285.

[12] 刘兵.路桥工程现场施工管理分析[J].交通世界，2021（15）：142-143.

[13] 兰方方.海绵城市市政给排水规划设计[J].黑龙江科学，2021，12（10）：134-135.

[14] 曾朝银.解析市政工程给排水规划设计原则及问题[J].绿色环保建材，2021（04）：75-76.

[15] 赵锋.路桥工程中沥青砼路面的施工注意要点及施工管理分析[J].工程技术研究，2021，6（07）：185-186.

[16] 谭晓雷.新形势下路桥工程造价合同管理及风险策略[J].交通世界，2021（07）：157-158.

[17] 察鲁华.针对城市给排水规划设计中污水处理的探究[J].长江技术经济，2021，5（S1）：106-107.

[18] 刘洋.生态城市理念下给排水规划设计研究[J].企业科技与发展，2021（02）：84-85.

[19] 王毛仁.路桥工程项目管理中存在的问题与应对策略研究[J].工程建设与设计，2021（01）：242-243.

[20] 徐丽楠.路桥工程施工阶段造价控制与管理[J].工程技术研究，2021，6（01）：169-170.

[21] 张绪贵.市政给排水规划与设计常见问题分析[J].工程建设与设计，2020（24）：42-43.

[22] 张晨.路桥工程施工管理中质量问题及管理分析[J].建筑技术开发，2020，47（24）：52-53.

[23] 林凯.路桥工程施工技术及安全管理[J].绿色环保建材，2020（11）：92-93.

[24] 王光敏.路桥工程造价有效管理措施分析[J].工程技术研究，2020，5（19）：156-157.

[25] 岳奎.路桥工程施工中的常见施工技术与质量管理研究[J].工程技术研究，2020，5（19）：170-171.

[26] 杨念.路桥工程现场施工管理难点和应对策略[J].工程建设与设计，2020（17）：256-257.

[27] 李明.路桥工程项目管理模糊综合评价方法研究[J].安徽建筑，2020，

27（09）：232-233.

[28] 安燃. 路桥工程质量管理过程中存在的问题及对策 [J]. 投资与合作，2020（08）：190-191.

[29] 郑斌. 路桥工程现场施工管理的难点及应对措施 [J]. 交通世界，2020（23）：167-168.

[30] 范保光. 路桥工程现场施工管理难点和应对策略 [J]. 居业，2020（07）：119-120.

[31] 马继红. 现代城市市政给排水规划设计分析 [J]. 城市建设理论研究（电子版），2020（20）：104.

[32] 毕晓芳. 海绵城市市政给排水规划设计分析 [J]. 数码世界，2020（05）：204.

[33] 张会冠. 污水处理在城市给排水规划设计中的应用研究 [J]. 工程技术研究，2020，5（08）：231-232.

[34] 刘晓杰. 关于现代市政给排水规划设计的若干建议概述 [J]. 科学技术创新，2020（11）：115-116.

[35] 邢建军. 略谈城市市政给排水规划设计 [J]. 科技风，2020（11）：150.

[36] 王丹. 解析市政工程给排水规划设计原则及问题 [J]. 科技资讯，2020，18（11）：38.

[37] 黄正立. 市政工程给排水规划设计研究 [J]. 城市建设理论研究（电子版），2020（10）：54.

[38] 曹娟娟. 探究生态城市背景下市政给排水规划设计的重要性及要点 [J]. 低碳世界，2020，10（03）：89-90.

[39] 李孟阳. 探究生态城市背景下市政给排水规划设计的重要性及要点 [J]. 城市建设理论研究（电子版），2020（08）：50.

[40] 沈心游. 基于海绵城市的城市给排水规划设计 [J]. 现代物业（中旬刊），2020（03）：128-129.